女人的功课

母亲教育导论

于江山◎著

著名跨界学者　中国管理科学研究院国学管理研究所所长于江山教授力作

图书在版编目（CIP）数据

女人的功课 / 于江山主编. ——北京：中国民主法制出版社，2013.3
（国学的大地）
ISBN 978-7-5162-0305-7

Ⅰ. ①女… Ⅱ. ①于… Ⅲ. ①妇女问题－研究－中国 Ⅳ. ①D669.68

中国版本图书馆CIP数据核字(2013)第034357号

图书出品人：肖启明
全案统筹：刘海涛　严　锴
责任编辑：胡玉莹　辛德晶

书　名/女人的功课
NVRENDEGONGKE
作　者/于江山　主编

出 版·发 行/中国民主法制出版社
地 址：北京市丰台区玉林里7号（100069）
电 话/63055259（总编室）　63057714（发行部）
传 真/63055259
http：//www.npcpub.com
E-mail：mzfz@npcpub.com
经 销/新华书店
开 本/16开　710毫米×1000毫米
印 张/14.5　**字数**/190千字
版 本/2013年7月第1版　2013年7月第1次印刷
印 刷/北京睿特印刷厂大兴一分厂

书 号/ISBN 978-7-5162-0305-7
定 价/32.00元

总序
跋涉在国学的大地上

（一）

进入国学的天地，是偶然也是必然。但不管是命运的偶然还是人格履历的必然，似乎都是一种文化的命定。

20世纪60年代末叶，我从山东的一家中等师范学校毕业，被分配到故乡的农村教学。先是小学，继之初中，最后是高中。总之是把那时的基础教育经历了一遍。

正是后青春的年龄，虽然处在形势大好而万马齐喑的年代，思想上还是洋溢着一股献身世界革命的豪情。当时农村学校的教与学是附属于政治活动和劳动的，所以有大量的时间可以挥霍。干什么呢？读书。毛选四卷已读得滚瓜烂熟了，许多篇章都能背下来。《鲁迅全集》也啃了好几遍。1973年以前，《红楼梦》等古典名著还是禁书，也就是说除了当时的教材，再也没有什么中国的书可读了。幸好1970年以后传达毛主席的指示：认真看书学习，弄通马克思主义。之后才有机会接触到马恩列斯的许多大部头著作。有一天公社革命委员会的通讯员骑自行车来学校下通知，让我们去公社领书。到傍晚，校长就和另外两位老师各骑一辆自行车，驮回来三纸箱的书。打开纸箱一看，全是马恩列斯的著作，有全集选集精装书，也有简装的单行本，白皮红字，鲜艳夺目。

这些书都放在我的宿舍里，因为学校穷，老师们两人公用一张办公桌，时常被学生的作业本占得满满的。而我是体育教师，住在器材室，里面有废弃的水泥乒乓球台，正好可以放下这一批革命导师的著作。从此以后，一直到1977年恢复高考，我进入了一个为期三四年的读书季。

算起来我30岁以前的读书生涯经历了几个阶段。第一阶段是从4岁开始一直到初中毕业，上小学以前被伯父逼着背书，从“三百千千”开始直到后来的《十三经》。上学后，特别是学会汉语拼音以后，就开始读“小人书”，60本的《三国演义》是十几个同学靠挖狼毒、刨小草根、捉山蝎、掇蝉蜕等中药材攒钱买齐的。二年级后就开始读大部头的《林海雪原》《铁道游击队》等。记得还受到语文老师的表扬，但从此养成的嗜读习惯却在中学和中师阶段屡受科任老师的斥责。在家里，“手不释卷”也常常引起母亲的唠叨。因为迷恋阅读，耽误了不少打柴、割草、剜野菜的工夫，而这三项又是我们那时候所有孩子不能不做的“功课”。在农村，男孩子从来就是当牲口养的，因为将来要顶家过日子，所以念不念书不要紧，能不能干农活才是最要紧的。5岁剜野菜、捡干柴，8岁割草，10岁锄地，12岁挑水，16岁推独轮车，等等。这好多程序都是约定俗成的。假如有谁家的男孩到了一定年龄还不会干什么活儿，那一定会受到乡亲们的笑话，小伙伴当然对你瞧不起，大人们也透露着鄙视，婶婶大娘们则开始发愁一个不会干农活的男孩子怎么能找上媳妇？我们家乡时兴娃娃亲，大约在剜野菜和割草的年龄就大部分被拴上了定亲的红绳子。

我就有些不合时宜了。虽然身体发育很好，但由于活儿干得少，所以多少有些技术含量的农活、家务活都会让我有些力不从心，推车（掌握平衡）、刨地（左右换架）都成了弱项。娘很着急，生怕我将来没出息，所以初中毕业时坚决不让我继续上学了。正好伯父去世，再也无人督促我背经典。眼看我的读书生涯就面临夭折。后经过我不断抗争，又及时搬来了舅舅劝说，娘终于松了口，通过爹告诉我：只能报考不拿学费、管饭吃的学校。

这真是别无选择，我终于走进了师范学校的大门，准备将来做一名小学教师。

师范毕业时，毛主席又有新指示：小学附设初中班，中学附设高中班，这样解决农民子女就近入学的问题。好在那时候学生以学为主，兼学别样，即不但要学工学农，也要学军，知识课倒不是最重要的。我们这批师范生就水涨船高地从小学教到高中。

在高中时我教体育和英语两门课，那时已经隐隐觉得英语是另一个世界，引得我无限向往。通过一台三用机，我每天晚上偷偷听美国之音的“英语九百句”，后来辗转托人买来了《灵格风》3本教材和密纹唱片。等我把900句和灵格风都背诵如流的时候，突然觉得20世纪70年代初中国学校的英语教材好可怜，那些自造的“红卫兵”“革委会”“三结合”“贫下中农”等专有名词实际上无用，除了国人以外的英语世界根本弄不懂“批林批孔”是什么运动，而我们还在乐此不疲。

从那时，我就升腾起一股走出国门的冲动。

所以到后来，我怀着一腔激动踏进欧美大陆，一待就将近10年。

在国外，我曾经如入宝山，满目惊奇。巨大的文化差异冲击震撼着我。我不遗余力地急于想与国人分享我的感悟。较早在国内开讲MBA和EMBA，觉得一旦这些西方的管理工具被掌控在我们手中，中国就会发展，特别是各级各类管理都将旧貌换新颜。我自己也有一段时间特别自信，自觉得学贯中西，会通古今，好像真是个人物似的。

自信被撞得粉碎时，是我走上企业高管的岗位以后，那是一家近万名职工，几十亿元资产，股东结构多元的上市公司。人心浮动，官司缠身，内债外债，貌合神离，谣言经常淹没真相，决议往往被传闻证实。这时候我从西方管理理论中学到并得意扬扬的诸如战略规划、决策流程、实施监督、资源整合、资金分配，等等等等。高头讲章和冠冕堂皇通通在一夜之间无效了。有一段时间整得我疲于应付，狼狈不堪。晚上静下来，涌上心头的却是一个令人触目惊心的词组：浴血奋战。这哪里是在当老总啊，简直是遭洋罪——因崇拜洋管理而受的中国罪。

好在我像传说中的猫一样有九条命，总不会死的。我明白，这是我在农村被当作牲口一样养活积淀下来的生存基因。这段管理战场上的水深火热让我惊悚，让我深省，让我从混战中抬起头来，开始抖落某些洋面包的碎屑，开始明白许多人类的文化品种移植到中土来会“水土不服”，需要有一个“中国化”的过程，脱胎换骨，凤凰涅槃。

思路一变，局面也随之明朗，本来准备花一年时间把治理结构理顺，结果我用了40天便大功告成，走上正轨。局内人、局外人大部分都傻了眼，不知道我得了什么神助，给当初拿着铁锤、榔头往工厂外赶我的职工灌了迷魂汤，让他们反过来成了我的拥戴者。之后的老长时间，我一直顺利地扮演着胜利者，直到企业换了东家。

这一段经历在我的生涯中关系重大，因为碰壁后我开始理性地进入关于中西文化或曰文明的思考。诸多原来清晰的分野开始融合，重迭，渗透，变成一片温润的混沌，混沌内不停地翻滚，奔涌，聚散。我知道这是一场不无痛苦的交媾，双方或者多方都在频频变换着自己的操守和诉求。后来的事实证明，正是这一场不无痛苦的交媾，才催生出“中国化、现代化、大众化”的潮流，为一个东方古老文化的复兴和西方复合文化的东渐拓出了一条新径。

正是在这条新径上，我开始了风雨兼程地跋涉。

在国学的大地上。

（二）

21世纪在中华大地上不断升温的国学热，最直观地反映了民族复兴的文化诉求。虽然理性的氛围十分稀薄，但民心折射出方向。处在转型期的巨大震荡中，中华民族几乎是本能地抓住了国学——这一旨在自我救赎的精神缆绳。

国学就这样被使命——被赋予为民族复兴提供支撑和提领的文化使命。

说实话，这就是国学的宿命，与生俱来的宿命。

回望一下人猿相揖而别的历史，我们就会发现，中华文明已经成为人类文明的孤儿。而一直以来为这位孤儿提供生存发展条件的，正是国学。

是的，国学原本是很强大、宽泛、无孔不入的，只是到后来，才被人为地规范所狭隘、单薄，甚至被固化为竹帛上的文字或纸面上的经典。

现在，让我们重光国学的本来面目吧！

国学是中华文明的源流之学与源流之用。

源流之学的最小外延也应包括三大潮流，一是浩如烟海的国学经典；二是融化进民众心理深处已化作集体无意识的价值观念；三是以风俗为主要载体的、在民族生存发展中无处不在的信仰。

除三大潮流之外，还有随着疆域不断扩展，异胞异文化不断交往而被同化和反同化的物质与精神文明也在不断充实着国学的内容，拓展着国学的领域。例如，麦、薯、棉、玉米、辣椒等作物的输入，胡琴、唢呐、琵琶、壁画等艺术的东传不胜枚举，早已经化成了国学的部分。胡琴中的二胡还作为非物质文化遗产而进入了世界文化遗产名录，岂不知二胡的祖先在西域，但是在今天，全世界都知道二胡文化在中国，也只在中国。

总之，上述三大潮流皆为中华文明的源流之学，但这只是国学的一翼。而国学的践履性所决定的中华民族生存和发展的伟大实践，则是比源流之学更为直接具体，更为直接影响社会发展和文明进程的另一翼。源流之学和源流之用的互相渗透和生克组成了国学的主体。

我们崇拜中华文明的源流之学，我们更看重与我们生存发展息息相关的源流之用。中华民族实质上是一个实用理性的民族。

在国学热从隐到显的历程中，质疑和反对之声始终不绝于耳，某些“有关部门”也囿于各种原因而不作为。但这些没有阻挡住国学的升温，不仅燎原了中国，而且把孔子学院等弘扬国学的机构开到了全世界，大有国学之光普照全球的态势。

大凡世间之事皆有表面繁华而内景窘迫的状况，特别是当这件事还在发轫之初的时候。情绪上的胜券在握和理智上的实力较量是两回事，所以对于国学的振兴，也不可轻言胜利。

因为国学大军从开始就表现出素质、社会地位、主张诉求、路线方向以至目标宗旨的不同。这一切都决定了他们在国学热中大相径庭的表现。

如果要粗略归纳一下的话，目前驰骋在国学天地中的主要是学院派与江湖派。

如果要细致条分一下的话，则派中有派，各具千秋，姚黄魏紫，美不胜收。

这些年国学界你方唱罢我登场，城头变幻大王旗，很是热闹。并且还将继续热闹下去。但形势大于内容，符号淹没实体的现象也普遍存在。或许是国学灵魂面临的诱惑太多的缘故，不少“国学大师”及其课程开始大幅地膨胀，君临天下目空一切，普天之下非我莫属，渐渐地与市场和利益卿卿我我起来，于是国学也渐渐地成为奢侈消费。另一支“大师”队伍则把国学中的玄奥发挥到裂变聚变，奇门八卦堪舆先知等都各显奇能，仿佛要主宰世界。一般的人做不成大师，但可以埋头苦干一些自以为是弘扬国学的善事，各地的书院、学堂甚至私塾家塾此伏彼起，都在国学招牌下勤勉地耕耘，在他们眼里，国学是人类文明宝库中最珍贵的财富，只要把社会拉近国学，那就不愁小康能变成大同。

诸如此类还有很多很多。本书对多年来国学天地中的翱翔者、开辟者、耕耘者、摇旗呐喊者通通致以崇高的敬意。感谢他们合力合为，共同开辟了一个让国家扬眉吐气的时代。

除此之外，《国学的大地》书系还有自己特殊的使命。

之所以将本套书系以《国学的大地》命名，包含着对当前国学热的一个基本估价：那就是，国学大军的将士们过多地装点了国学的天空，而在很大程度上忽略了国学的大地。

一个民族当然需要仰望星空的高士，但同时也亟待耕耘大地的农夫。

今天的中国才真正走进了五千年未有的大变局，社会转型已渐入深水，由经济崛起到文化再造，已成为刻不容缓的任务。道德沦落和灵魂扭曲，这些“软武器”已经在民族躯体上造成了硬伤，拖拽着我们的理想航船沉重地沦落下去。

中华民族真正到了“最危险的时候”，我们绝不能唱着高调沉落，而应该脚踏实地来一次沉重的崛起。

任何学术都应该以“资政利民”为最高宗旨，因此，我们选择了《国学的大地》。我们宁愿在大地上跋涉，因为只有在大地上，才能书写中华民族的大历史。

（三）

因为我主张把国学定义为“中华文明的源流之学和源流之用”，所以我的人生践履主要在学和用上张罗，在由“内明”到“外用”的历练中沉淀了许多如鱼饮水的冷暖，帮助我管窥了社会、时代的烛光斧影，也让我隐隐约约感知到了我们的民族人格。不知鲁迅大师笔下的“民族性”是否指此，但肯定与我的“民族人格”有许多重迭或共指。算起来鲁迅大师西逝已经近八十年了，他的许多话语还在今天回响，我有时感到一种冷冷的悲。但随即又想到人类的基因改变大约需要一万年为周期，也就不那么焦灼了。让人类慢慢地进化吧，我们只需好好地利用我们的有生之年。

接下来又有了一个新的疑惑：以有限的生命投入无限的国学天地，到底能有多大的作为，虎口再大也吞不了天吧？何况我也没有膨胀到自诩为龙虎。人定胜天的口号是喊了不少，到头来谁见把天挨过！看来还是本分一些好。

我认为关于“源流之学”不用我操心，因为这个领域高手如林，许多位都是我心悦诚服的大家巨擘。国家拿了那么多钱，耗散了那么多人力物力，主要就是打造这个“源流之学”。至于“源流之用”情况就有些闪烁，因为一提到“用”，就会与市场产生一些暧昧，所以不少能量就在“用”字上做足做大了文章，也算是天罡地煞群雄毕至吧，当然也有些鱼龙共舞。比起“学”来，大概“用”的天地里环境保护的空间可能更大一些。按说我本来会本能地逃离，但人一旦年龄大了反而生出一种不知基于什么的执拗，或许这就叫自信，总而言之，我自愿走进这“源流之用”的江湖，一混就是数年。数年间，只经营着一方小小的地盘，但我还是称之为国学的大地。

我知道学和用是不可分割的，但我以为“学”不能拘泥，“用”一定要通达。对于国学来讲，不管是学和用，“回到古代”都不是我们的目的。在学通了的基础上，把国学“现代化、大众化”才是今天的当务之急。

在《国学的大地》里，我秉承着“资政利民”这一宗旨，对于资政，我仅有理论上的权利，但缺少体制上的资格。但权利既有，那就不妨小试。虽然“位卑”，仍不忘“忧国”啊，这种又臭又贱的传统我身上还有不少。那就再贱一次吧，因为我明白我所有的“忧国”皆是以民为本。

于是选定了《国学的大地》第一批书目。

《国学的大地》十二本，大体是循着这样的思路来铺排：

除《国学的大地》是阐述我对国学的一揽子观点以外，其余十来本可粗分为五种内容。

第一，管理类著作，即《中国化管理》书系。这是我专门写给官员们的一套书，因为在我眼里，支撑着共和国这个巍然体制的，不是别人，正是从上到下的官员。党务官、政务官、事务官和各类企业事业单位的管理者组成了一张政治与管理的恢恢大网，这是让共和国不断前行的保障。因此，提高他们的素质，扩大他们的视野，帮助他们提升领导力是资政利民的重要内容。所以我精心打造了这门课程，并认真编写了《总论卷》《内明卷》《外用卷》《修身卷》和《致心和卷》。这次出版的是《总论卷》和《内明卷》。

《中国化管理》之所以选择管理哲学为建构领域，其一是为了对应和接济铺天盖地而来的西方管理科学；其二是因为中国化管理的文化特质就是超工具化。应该说，管理哲学和管理科学在管理实践中都不可或缺，所以作为一名官员必须要有两把刷子。其实在当今的中国有两把刷子也不一定够用，因为还有若干的诗外功夫需要修为。另外，中国的老百姓两眼都盯着官员的行状，为此我大声喊出了“官清天下和”！

第二，养生类著作，我认为这是最实际的民生。养生大潮的水有点浑浊，我力图做一点儿文化上的澄清，同时在我有限的能力范围内提供一些实操性的内容。这类著作除《大道养生》是概论之外，《黄种人喝黄酒》是我较偏爱的一书，对于帮助国民建立健康的主流生活方式会有一定裨益。《观天籁》《读玉》则是艺术养生的具体化，而我把“个性化、生活化、艺术化”看成是养生的三项根本原则。

第三，修身类著作。《孝行天下》是“以孝启德，以德树人，以人兴国”的起点，也是已经化入民族性格的中华民族的文化基因。孝文化的稀薄和异化是当今社会最大的尴尬，孝文化的复兴则是重建民族道德大厦的奠基，孝文化在个体成长中无疑是道德大门的锁钥。所以我选择了以孝为题，我愿意在这场文化的博弈中用孝做领军的旗帜。《女人的功课》是《母亲教育》和《精彩女人》两书内容的重新整合。当初，出版这两本书是基于对一些普遍的社会现象的焦虑。当“女人”这个世间最美好的本源被形形色色的理论所绑架之后，就会只剩下对女性天地的功能性解读。以至于众多的姐妹被歌颂、被吹捧、被呵护着做了甜蜜的殉道。现在这两本书整合以后以《女人的功课》崭新问世，提出女性一生“四个角色”（女儿、妻子、母亲、公民）和三大工程（美丽工程、智慧工程、幸福工程），相信会引起姐妹们的重视和社会的刮目相看。

第四，应用类著作，即国学在国民精神生活领域的应用范本举隅。《失去锁链之后》是对文学艺术和学术领域中人、书、文、事的评论。这批文章大多数已在报刊上发表，力图以中国人的语言和中国式知人、论世、论书、论文的路径来展示一种理论的审视。由于平时痛感于评论界的西化、专门化和歌颂模式充斥着视野，与理论的使命“支撑和引领”相去太远，所以我努力想写出一番新气象。至于《江山韵语》是我多年来支离的创作实践和搜罗辑梳的联语、文牍的合辑，大概能达到趣味性和实用性的璧合，一书在手随时可查可用。

第五，以“三农”为题材的《村官通鉴》。这也是我多年来最沉重最致力的著述。有说不尽的中国就有说不尽的“三农”。中国的“三农”放到人类文明的大谱中，也是沉甸甸的一章。我选择村官入题是找到了接近“三农”的桥路，让我永远能保持着一份距离和理性。否则，假如我一头扎进“三农”，我会长歌，长哭，长久地沉湎，我怕我没有那么粗砺的内心以应对那些无情的现状。改革开放三十多年来，“三农”已经有了很大地改善，但“三农”还要过大关，这是不争的事实。从某种意义上说，“三农”的底色就是中国的国情，我不希望读者把这本《村官通鉴》看成是一部普通的报告或者文学。如果说《国学的大地》中许多著述都披沥着笔者的心血，那么《村官通鉴》的书里书外，则饱含着许多人的泪水与心声，不仅是我。正因为我对中国“三农”的未来持有乐观的期望，所以我不惮笔墨来状写它今日的拮窘。

《国学的大地》是一个开放型的书系，首批这12册小书只是搭起了一个稚嫩的框架，更多支撑和完善有待以后不断地拓展和积累。我内心的愿望是：以我和同事们的努力，在国学的大地上耕耘出一片片令人喜悦的丰收，并让这丰收嵌进像轮作一样良性的轮回。为了这个心中的愿景，我们辛劳在这方古老的大地上，一度忽视了此前那漫长艰难而又愉快的跋涉。

序 女儿心事情谁传

上帝创造了女人，却把她放在了男性中心的社会。

于是，女人们世世代代就有了做不完的功课。

很遥远的历史我们无法考证了，只是这十来个世纪中，先是三从四德，德言容工，后是妇女解放、男女平等。这些目标似乎都是已经实现或是正在实现中，但女人们男人们还是发现，还有很多女人的功课在等待着她们。

当然男人们也有终生的功课链，但那是另一本书的内容。

本书关注的，是当今时代女人们的功课——在妇女解放和男女平等国策下的功课。具体地说就是“四种角色”和“三项工程”。

四种角色是女儿、妻子、母亲和公民。这四种角色串联和并联了女人的一生，也许有的姐妹自愿放弃了其中的某些角色，但最少有两种是不能逃避的。

就女儿来说，似乎享尽了先天的宠爱，先是“母亲的贴身小棉袄”，后来就上升为“爸爸的前世小情人”。看来女儿是蜜糖一般的人生啊！但偏偏又有一道严厉的古训悬在头上：“多宠如杀”，这又不得不令天下父母警惕。于是硬起心肠板起面孔祭起了教化。富养穷养的争个不休。在几代人悬悬之心呵护下，让不少女孩“有年无童”。美好的未来还没有露头呢，就先尝到了命运的皮鞭，离天真烂漫确实有点远了。

童年就这么紧张兮兮地过去了，追也追不回来。那就一心做个好妻子吧，谁知好妻子也不好当。从大环境来说，本来是市场经济，现在却成了市场社会。社会的误导点燃了女性的欲望之火，炽烈的火焰把原本是婚姻主要元素的爱情烧成了可有可无的黑炭。无数夫妻因误会而结合，因理解而分手。其实当初把灵魂抵押给欲望时，已经埋下了分分合合的种子。高洁的女性不屑、不愿或不能蹚进爱河，于是做了傲世的“圣女”。从小环境来讲，风花雪月一旦落实到柴米油盐，两个在家务领域“零技能”的小人儿除了吵架还会有什么选择？不管未来的路有多少条，分与合是两大永恒的主题，看谁挨得过？

个人身世的折腾必然会影响到公民角色的出演，顾此失彼不幸成了许多女性的常态。首尾难顾时不免断腕，或退回家庭谢绝社会；或甩掉包袱轻装入世，做一个逆风飞扬的女中精英。其实低眉顺眼的温柔和美酒鲜花的荣耀是殊途同归，都难掩内心的孤寂和落寞。

做母亲？那就更面临着难题如山了。本来只准备了一场豪华的婚礼，压根儿没预习当母亲的功课。孩子来了，于是“零教育上岗”。那就不仅是难在当下，简直有点儿祸延子孙了。

做女人怎么就这么难呢？不光男人们读不懂，连女人也越来越读不懂自己。

让我们尝试着运用一下理性的分析吧。

其实，做女人难像世界上若干课题一样，都是复合因素，都是由内外两部分原因造成的。

在外部，每一个女人的周围都是一个强大的男性中心社会，对女性的成长给出了一个又坚又韧的场，让女性无法挣脱。

这个干预和在一定程度上塑造女性的场不是一成不变的，有时显示正能量有时则是掣肘。但对此我们无能为力，只是寄希望于社会的进步和渐趋光明的转型。

在内部，我们能努力的，只有寄希望于女性本身的修为。

于是就有了这本《女人的功课》。

我们把女性的修为划分为三个部分，即美丽工程、智慧工程和幸福工程。但这三个工程一开始便是一个大系统，你中有我我中有你，在具体实施的时候往往是齐头并进。

这给我们的功课造成了不便，于是我们斟酌再三，决定重点突破一个承上启下的关键角色：母亲。

母亲教育的概念就这样诞生了。

本书的结构基本上由两部分构成，重点是母亲教育，其余三种角色则融合在一起。当然这些内容都是互相渗透的，因为所谓功课，特别是人文领域的功课，无法用公理公式代入，只能是人文化成。化的过程是春雨润物，容不得分割和独行。

在国学天地里，乾与坤是根本大卦，并没有谁大谁小。

在人类世界里，男与女是性别之本，也不分第一第二。

我们心中的愿景是阴阳谐韵乾坤共舞，其乐融融中掩映着一个闪烁的命题：女人，在男性中心社会里能不能炼成核心？

中心和核心，应该是相映生辉了吧。

是为序。

作者　壬辰之冬

目录

第六章　女人的功课

第一章
母亲教育导论

第一节　扮演好人生的四个角色

母亲教育的目的是为社会和家庭培养合格的母亲，以贡献于家庭，服务于社会。

一个合格的女人在一生中要扮演好四个角色，即父母公婆的好女儿（儿媳）、丈夫的好妻子、国家的好公民、子女的好母亲。其中有三个角色是女人的天性，即女儿性、妻性和母性。仅有女儿性和妻性的人生是不够完美的，因为尚未完成人生境界的终极升华，只有做了母亲，才焕发出宽厚无边的母性。母性是无我地奉献，是真与美的极致，是天然女性与神圣崇高人性的完美结合，是人类赖以生存发展的温床。因此，能够成为母亲的女性是幸福的。但是，女人并不会因为母性自然而然成为一位“好母亲”。公民角色相对于其他三类角色来说是社会性角色，是通过社会化过程逐渐完成的，是另外三个角色的社会意义与价值承载。

一、好女儿

女人结婚后就成为双方父母的女儿。因此“好女儿”是指做双方父母的好女儿。中国传统评价好女儿的标准集中体现在“孝”上。

（一）对“孝”的理解

孝道由孝心、孝行和敬组成。

“孝心”是基于血缘关系和父母抚养之恩的天然回报与感恩，是爱父母的自然结果，并因爱父母而表现出亲父母。因为有血缘关系作为纽带，所以孝心亲情是天生的，是人类的本性之一，是孝道的天然内核。“孝行”则是孝道的外在表现，是晚辈对长辈在行为上体现出的孝心与敬态。“敬”则是人类社会长幼有序的伦理要求，是对等级关系的维护，体现为社会和群体对晚辈与长辈相处时在态度和行为上的一致要求和标准。敬是对孝心和孝行的规范和调适，是联结孝心与孝行的中间部分，既以孝心作为心理基础，又以孝行作为外在表现。这三点是对好女儿角色的完整要求。

（二）孝父母和孝公婆

孝是对女儿对待父母和公婆的统一要求，爱父母、敬公婆则是情的真实写照。爱父母具体表现在有孝少敬，女儿对父母有孝心，也会在行动上体现出来，但缺少敬。敬公婆则表现为有敬少孝，表面上尊敬老人，但在内心缺乏基于亲情和爱的孝心内核，表现出的孝行多是由社会规范要求使然，而不是孝心的自然驱动。

因此，作为好女儿在面对父母时，要注意敬的态度和行为。比如，女儿回娘家时多是通过金钱或礼品表现对父母的孝心，却很少为父母分担家务，很多在婆家勤快的媳妇回到娘家就变懒了。在语言上，女儿冲撞父母也较为常见。这些就是女儿对父母敬的缺乏。作为公婆的好儿媳，则要努力建立与公婆的亲情关系，不仅在行为和语言上保持敬，更要在宽容和理解的基础上努力拉近与公婆的心理距离，实现双方的心理相融，并由此生发出孝心。因此，要做好公婆的好儿媳，就应当从孝道的三个组成部分要求自己，从敬开始入手，以孝行建立与公婆的良好关系，最终形成公婆爱儿媳、儿媳孝公婆的良好关系，这也是好妻子角色的内在要求。

二、好妻子

好妻子角色是每一个已婚女性梦寐以求的目标，但要做好并不容易。因为做一个好妻子，并不是一个“爱”字就能包办的。一个好妻子起码要对丈夫做到以下三点。

（一）宽容

宽容是夫妻关系和谐的最基本的素质。对于那些性格、学业背景、家庭背景等差异较大的夫妻尤为根本。存在于这些夫妻身上的差别明显且多样，很难融为一体。但是，作为夫妻总要面对差异，宽容是最好的选择。

宽容要求妻子面对丈夫时要有一个好的心境，真正做到虚怀若谷，接纳对方的包括缺点在内的所有特性，从生活习惯到心理空间无所不包，并且不能有丝毫勉强。这种宽容拥有“地势坤，君子以厚德载物”的化育精神和能力。宽容并不是无原则的排除婚姻的本质（即帮助对方使其提高自己），只不过更讲究方式方法，更注意自己的心气平和，注意用甜蜜的方式喂以“苦药”，让对方在甜甜蜜蜜中消除隐患。

（二）理解

如果说宽容是对差异的无条件接纳，那么理解就是设身处地感受和思考对方与自己的相异之处，所以理解是宽容的高级状态。更重要的是，理解超越了生活习惯、语言做派等表面行为，提升到心理空间、精神活动、思维方式等形而上层面。理解使夫妻在大多数时候，处于一种和谐状态，甚至达到了默契。彼此充分理解的夫妻之间常会出现会心一笑、不言而喻、不约而同等令人钦羡的场景。

但做到理解是不容易的，有时候是掺杂着某种痛苦的徘徊。夫妻之间一生一世要经过无数的沟沟坎坎，两个人对于千头万绪的看法和做法未必一致，而且两个人都在不断地完善自己，昨非而今是的感觉常常都有，要时时事事都高度一致决不可能，遇到此种情况就只能祈求“理解”了。在理解的过程中，由于信息的不对称、思维方法不同、切入角度不同，经常会在理解的原初点上徘徊，由于此时还达不到“理解”，痛苦也就在所难免。这个掺杂着某种痛苦的徘徊实际是一个“理”的过程，这里不仅有对人对事来龙去脉的梳理，更有换位之后设身处地的体验。终于“理”明白之后达到的“解”，会让夫妻间的关系得到令人欣慰的升华。

（三）欣赏

能做到互相欣赏，这是婚姻状态的臻美、臻善、臻真，婚姻的成色已升华到艺术的境界，双方是如沐春风般享受着对方，享受着两个人的世界，是真正的“情人眼里出西施”，互映在双方的眸子中。

由于欣赏是在宽容与理解基础之上的，所以这时的夫妻关系已达到和谐的华彩乐章。在这一阶段双方各自的个性都得到了极度自由的舒展，是摆脱了日常规范之后生命意识的怒放，婚姻给双方都提供了足够的心理空间，任思想的翅膀自由翱翔。双方又互相从对方那里汲取鼓励和甜蜜，极大地丰富各自的内心世界，强化了对美满幸福的体验。应该说夫妻之间相知、相爱、相亲到这种地步，那真可谓是天上“比翼鸟”地下“连理枝”了。

此时，在婚姻构成的家庭世界中，再也不会出现困惑、猜疑、磨合、交锋了，作为婚姻中的双主体，每个人都达到了“从心所欲不逾矩”，只不过这“矩”并不是指来自社会的外来规范，而是每个人的心理护卫线。现在这条护卫线已经虚化或消失，两个相爱的人在精神和灵魂上由融洽而结成了一体。当然这是你中有我、我中有你的有机渗透，是蜜与糖、水与乳的交融，是具有勃勃生命内核的混沌太极，是琴瑟和鸣、天人合一。

三、好公民

做好公民是每一位母亲应尽的义务。我们平常说的义务有两类。第一类是法定义务，我国宪法第52条至第56条规定了我国公民的基本义务：（1）维护国家统一和民族团结的义务；（2）遵守宪法和法律的义务；（3）维护国家安全、荣誉和利益的义务；（4）依法服兵役的义务；（5）依法纳税的义务。第二类是道德义务，指社会成员依据社会道德规范，自觉自愿地承担对他人、对社会的道德责任，更多地体现了人在道德、情感、公德等方面的素质，例如爱国守法、明礼诚信、团结友爱、勤俭自强、敬业奉献。

要做一名好公民，就要求每一位母亲尽好公民的义务。具体来说，表现在两个方面：一个方面要做到不跌破法律底线，把自己的一切作为规约在法律许可的范围之内；另一方面是按照社会分工，做好自己分内的工作。作为一个母亲，分内的工作有两件，第一件是自己的社会公职，要恪尽职守、兢兢业业，在自己的岗位上为国家做出应有的贡献；第二件则是母亲的神圣职责——教育子女。子女不是母亲的私人的财产，不能在教育过程中随心所欲，要树立为国教子的正确观念，要把子女的成长提高到为共和国培养高素质国民的高度来认识，要有正确的理念和正确的方法，以保证子女的健康成长。全国妇联、教育部等九部委联合开展的“争做合格家长、培养合格人才”家庭活动，提出“科学育儿，为国教子，以德育人”的号召，正是母亲神圣义务的体现。

四、好母亲

做一位好母亲，是母亲教育的根本，从本体上讲也是母亲教育的终极目标。

这是一门终生都要努力学习和认真实践的课程，虽然没有高深的学理，但自始至终贯穿着人生的要义和全元素质。在某种意义上说，只有调动人类所有的优秀品质和能力，才能当好一位母亲。

目前，我国母亲教育的现状不能令人满意。很多女性在没做好准备的情况下做了母亲。一个缺乏必备素养的母亲是不合格的，是“残疾”的。母亲教育的缺失将导致母性的沙化，影响一代甚至几代人，后果不堪设想。

以上的四个角色，基本上概括了女性全部的人生价值。女性一生可以对这四种角色有所侧重，进而设计自己特色鲜明的生命历程，但作为母亲的身份来讲，我们讨论的重点是如何做一个好妈妈，因为做一位好妈妈，几乎涵盖了女人一生的命题，也是女人终其一生最重要的角色。

第二节　母亲教育的特点和重点

母亲教育是国民教育体系中的空白，既未纳入学校教育体系，也没有被社会教育所采纳和系统展开。因此，提出母亲教育并作为对国民教育体系空白的弥补，这门课程就必须有其区别于国民教育体系其他组成部分的特点和教育重点。

一、母亲教育的特点

严格地讲，母亲教育是一门爱心贯穿其中、理念和技能并重、始终依赖于实践的课程。它既不同于学生上课，又不同于技工培训，有自己的特点。

（一）渗透性

母亲教育的第一个显著特点是将生活智慧和真谛都附着于大量生活的琐事来体现。不管什么理念，往往都是由身边琐事引起。琐事就是我们生活中的细微场景，这些场景包含着诸多事理。母亲教育作为一门培训课程，就是要通过这无数生活场景的再现，引发母亲们会心的思考。一堂课下来，听课者或许不能完整地表述讲过的理论，但渗透在一连串熟悉事体中的道理和理念却已让她得到了提高和升华。所以，渗透性是母亲教育的首要特点。这个特点强调了母亲教育的丰富性、细致性和实践性。

（二）个性化

对任何一个教育主体（母亲或孩子）来讲，个性化教育是不可或缺的。因为个性化教育是量体裁衣，是对共性教育的终级完善，是人文关怀的最高级别。

个性化教育与母亲教育的最终目的紧密相连。母亲教育的目的除了提升自我素质以外，主要是为教育子女服务的。每一位母亲所面对的都是一个充满个性的个体，而不是某种概念或共性的复制品，所以母亲对子女进行的教育只能是高度个性化的教育。在个性化教育的每一个环节中，都会出现共性教育所不能替代的鲜活内容。根据有的放矢的原则，母亲首先应该知道孩子的全部“个性”，然后根据个性施以差异性的教育，这样的教育才有良好的收效。

为了使每一位妈妈都具有与孩子“单挑”的素质和能力，母亲教育大力提倡并努力做到个性化，提倡一对一的交流，提倡个案的剖析和总结。在母亲教育的实际培训中非常强调“全程互动”，即不仅在培训过程中有演练，而且在课后的时间里，我们可以利用现代化的通信手段，在陪伴孩子成长的岁月里实施全程的个性化服务。

（三）互动性

母亲教育不能依靠单向的知识灌输，也不能像在剧场中那样只做演员或观众。母亲教育的许多内容是靠动手来完成的，而这动手不是只看效果不看过程，因为很多内容是为教育孩子准备的，动手要讲究规则，有一套特定的程序。这些规则和程序经常和大家的习惯有些不一样，这些“不一样”都有来自实践和理论的原因，是有文化含量的。这就要求母亲们在学习这门课程时，一要服从课程需要，必要时要改掉自己的习惯；二要站在孩子的角度来动手动脑。总之，不能光听课不动手，动手还要讲规则，这个规则就是母亲教育的基本理论和一般规律。

（四）与时俱进

母亲教育严格来说是服务于“未来”的教育，无论是教育内容还是教学方法都不能陈旧，要吸收最新最好的成果来不断完善母亲教育的体系，这样才能收到预期的效果。这就要求母亲教育必须做到与时俱进。

从内容上讲，母亲教育的目标、主干课程、基本的教育思想都是相对稳定的。但母亲教育理念将是一个重点领域。在社会转型期，价值系统相对复杂，导致了教育的无序状态。现在要从根本上解决这些问题，首先就要从理念上来一番更新。也许有些新理念目前还不被接受或很难操作，但只要是认准的东西，就要坚持、倡导，不能再回到恶性循环中去。

技能课可能是含“新”量最高的课程。科技发展日新月异，许多成果在市场机制驱动下往往在很短时间内就以极快的速度进入了实用阶段，我们的母亲教育也必须紧密配合紧密跟随。例如，剖宫产，前几年医学界还在向孕妇推荐剖宫产，因为简便、不开骨盆、不影响产后体型，使许多孕妇纷纷走上手术台，刀口也由竖切变成了更优越的横切，现在理念又变了，开始提倡人工自然分娩。面对这些急剧的变化，母亲教育必须跟上发展，不能滞后。

母亲教育的重要内容是如何教育孩子，但孩子是一个动态的受教体。今天的成功经验很可能成为明天的枷锁，昨日的亮点也可能在今日黯然失色。因此母亲教育的课程体系应该不断地修正、改进、完善。这个不断完善的过程，实际上就是与时俱进的过程。

二、母亲教育的重点

从现在开始到今后相当长的历史时期内，我国的母亲群体都将维持在一个相对稳定的教育水平上。具体地说，农村的新妈妈大部分都受过初中以上的教育，城市的新妈妈群体的受教育水平则都在高中以上，并且今后每年都将有三百万至四百万的受过正规高等教育的女性成为新妈妈。新妈妈群体如此庞大，学历水平也有相当的差距。但我们在接触大量母亲后却发现，学历的差距对做母亲水平的影响并不明显。学历高的母亲不仅在生活技能方面较差，而且在教育理念上较僵化，不容易接受新观念。相反学历低的母亲不仅在生活技能方面比较强，而且容易接受我们的教育新观念，只是她们知识的欠缺太多，需要补充教育，并且她们都普遍缺乏接受新知的自信，容易左右摇摆。

上海市妇联和亲子教育研究会曾对四百多名三岁孩子家长进行调查，结果显示：上海的高学历母亲对孩子采取一种更为严格的教养态度，她们很少给予孩子鼓励，孩子生活在一种紧张的环境中。高学历的母亲，持一种“严教型”的儿童教育观，她们更偏重于对孩子的严管，不愿让孩子“顺其自然”地发展。与之形成对照的是，学历较低的母亲，对孩子的接受容纳度大，对孩子的鼓励赏识多。调查表明，初中学历的母亲，对孩子犯错容忍性强，对孩子的行为偏重暗示和鼓励。而本科及本科以上学历的母亲对孩子最为严格。

调查结果和实践经验都告诉我们这样一个令人吃惊的事实，那就是不管学历高低，都亟需母亲教育，学历高的母亲尤其迫切。这就决定了我们开展的母亲教育将是一场普及教育，教育的重点是：教育新理念的传播、心理学的渗透、行动力的培养。

（一）教育新理念

中华民族的教育有过辉煌的历史，在长期的发展中形成了一整套行之有效的完整的教育体系。这个体系在近一百多年来受到了现代教育的强烈冲击。“文化大革命”后正常的教育秩序得到恢复，但“读书无用论”的强大逆反却使教育又走上了智育唯一的错误路线，在这条充满竞争和无限商机的道路上，最近几年不断有新理论粉墨登场。例如，“知识决定命运”“不让孩子输在起跑线上”“零岁方案”等都曾造成空前的轰动效应。实际上，一个大国的教育事业与民族兴衰攸关，不是几句口号就能左右的。这就需要我们在潮流面前保持清醒，保持理性，要固本培元、兼收并蓄，不仅要从异质文明中吸取营养，还要从本民族的优秀传统中钩沉扬弃，要真正把中华民族的教育办成既有中国特色，又有开放机制的大国教育体系。实现这个转折，首先需要在教育的源头——母亲教育中更好地甄选教育理念，使广大母亲远离盲从，建立起牢固正确的教育观。

（二）心理学渗透

从世界范围内来考量，没有比中国父母更辛苦的了，但是就教育效果来讲，没有比中国父母更失败的了，许多家庭甚至因孩子而战火不断。原因在哪里？难道是中国的小孩子格外叛逆？可以肯定地说，家庭战争的根本原因在家长。因为在新一代的两代人对峙中，有一个十分重要的潜在因素被家长忽略了，这就是许多家长都把家庭教育失败的原因归结为孩子“不讲道理”“不懂事”，而事实却远远不是这样。实际上，家长们讲的道理孩子们早就烂熟于心，之所以和家长产生矛盾，归根结底是家长不懂孩子的“心”。可以说，现在最不懂孩子心理的群体中，家长占了绝大多数。许多孩子的心事老师、同学、朋友、亲戚都知道，唯独瞒过了父母。

母亲和孩子之间的摩擦其实并不复杂，最初只是一些比较具体的情绪或心结，如果能及时疏导就会化解。问题是母亲们往往根本不理会孩子的心理，而是按照自己的主观臆测照方抓药，结果是南辕北辙。几番较量下来，孩子们早已对母亲失去了信心，而大部分母亲还感觉良好，认为自己的策略和方法都是卓有成效的。岂不知在一次次的“灭火”中孩子们的心理淤积越来越厚，最后成为心理障碍。两代人的对峙此时就已经形成，随着孩子年龄增长，心智水平飞速提高，这种隔膜会越来越深，由心理发展到其他领域。

鉴于这种情况，母亲教育将突出心理健康教育和心理疏导方法介绍。力争把心理学的内容渗透到各个章节中去，力争让母子两代人都能拥有健康的心理。

（三）行动力培养

母亲教育要落实到母亲对孩子的教育中去，实际操作或动手能力是最重要的。要做一名合格的母亲，不能只沉湎于书本和课堂，许多内容都要亲自动手，有时还要反复练习。否则，哪怕是最简单的事情都会难倒母亲。例如，你会抱孩子吗？你会喂奶吗？你会为孩子洗头吗？你会熟练地换尿布吗？这些看起来最没“技术”含量的活计里面，恰恰有很大的学问和技巧，不可等闲视之。

美国教育家、哲学家杜威的“教育即生活”理念拯救了美国的教育。他批评当时二十世纪早期的美国教育“注重于专门性的和技术性的东西而漠视了美好的生活”，没有成为美好生活的审慎创造者和培育者。我国教育家陶行知先生则提出“生活即教育”的理念：“生活教育是生活所原有，生活所自营，生活所必需的教育。教育的根本意义是生活之变化。生活无时不变，即生活无时不含有教育的意义。”这种真正的大教育观正是我们现在整个教育体系的缺项。在开展母亲教育时，尤其要引起重视。“再好的悟性也不能代替实践”道出了全面素质教育的真谛。因此在母亲教育过程中，行动力的培养（生活实践）是一个重要的环节。

第二章

起点教育——母亲教育成功的关键

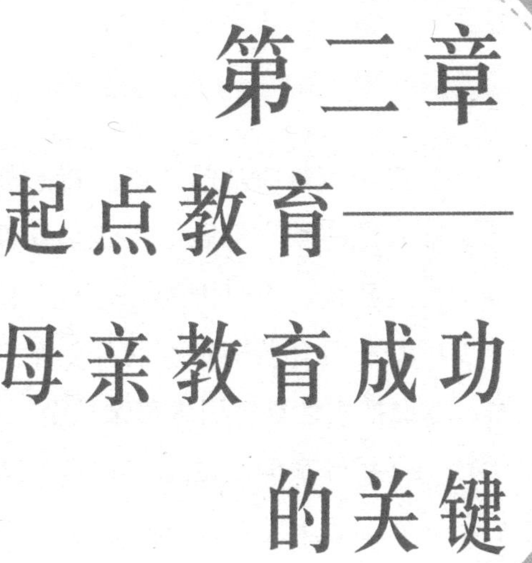

好的开始是成功的一半，母亲教育概莫能外。起点教育既包括婴儿初来人世的教育问题，也包括女性成为母亲之初的自我准备。我们推崇起点教育，不只因为这是整个母亲教育体系的基础，对母亲和孩子以后的发展有着决定性的开创意义；还因为只有通过良好的起点教育，才能把女性真正引进母亲这个人生最重要的角色。

一位新母亲面临的起点很多，本章将从生理起点、心理起点、性启蒙三个角度择其要点加以阐述。

第一节 生理起点

一、快乐妊娠

从妊娠开始，女性的生命进入了辉煌的夏秋之交。褪尽了女儿的天真纯情，珍藏起新婚的灿烂春花，此刻，准妈妈已经完成了从生理到心理全面的升华，进入人生关键期，她将调动女性所有优秀的禀性和基因来孕育一个崭新的生命。

无论是对于母亲还是对于将要出生的婴儿来说，妊娠都是一个重要的起点。从这个重要的起点出发，准妈妈的心里要始终洋溢着感恩、欣赏、幸福的情愫。

感恩的对象很多，要感谢父母的养育，要感谢社会的栽培，要感谢丈夫的情爱，要感谢生活的赐予。有了这一切才有了今天的孕育。只有升腾起感恩的心情，你才能更和谐地融入周围的亲情，才能始终生活在关爱、温情之中，而无微不至的关爱和温情是愉悦心情的催化剂。

准妈妈要以欣赏的目光来度过自己的妊娠岁月。不妨从自己的身体开始，欣赏身体夜以继日地变化。变化着是美丽的，试着让温暖充溢自己的身心。同时要欣赏自己的命运，一步步走到今天真是天缘地合。还不妨欣赏自己周围的一切，包括人和事。每当静下来时就可以欣赏这个尚在孕育的小宝贝了，对新生命的欣赏充满了憧憬，而憧憬犹如一个慢慢展开的生命长卷。

沉浸在这样的氛围里，准妈妈会充满幸福感，会觉得分分秒秒都过得充实。

在十个月的妊娠期内，当然会有许多事并不是完全顺利，也不是怀孕的每一种反应都是甜蜜的。准妈妈一定要抱着一种稳定而良好的心态，要收起自己的小心眼儿，要批判和否定自己的敏感，要把烦恼赶得远远的。总之，在整个孕育期应该有意地“制造愉快”。医学证明，孕妇情绪的波动会直接对胎儿产生影响，强烈的情绪波动还会导致意外情况发生。因此，“制造愉快”是关乎母子两代人的健康大事，是一个准妈妈的责任。

二、正确哺乳

对婴儿来说，母乳是上帝的礼物。母乳中不仅含有婴儿发育成长所需要的全部营养，而且含有抵抗多种疾病的抗体，可谓“千金难求”。哺乳不仅能满足婴儿的生理需要，更重要的是正确的哺乳对婴儿的心理健康成长至关重要。我们看到的许多问题儿童的表现，如厌学、冷漠、任性、极端自私等，可以说与婴儿期母亲的哺乳方式(包括母亲的心情)关系密切。

先来看看哺乳的几种类型。

一是全神贯注型。母亲把全部注意力都集中到孩子的小嘴上，观察孩子吃奶的表情、吞咽动作，像欣赏珍宝，像聆听天籁之声，沉浸在一种乐融融的人伦亲情中。

二是漫不经心型。一边照顾孩子一边想自己的事情，甚至想入非非，有时候又表现出百无聊赖。

三是一心多用型。把哺乳当作自己必须做的很多事情之一。边喂奶边和别人高谈阔论，边喂奶边看书或者看电视听音乐，总之是喂奶和别的事情都不耽误。这样的母亲常常以此为自豪，认为自己比别的女人能干得多。

四是以喂代哄型。不管婴儿有什么表现，凡是不合母亲意愿的时刻，通通用喂奶来解决，正如俗话所说“孩子哭奶头堵”“要睡觉喂奶靠”“要安静奶头蹭”，把喂奶当成了哄孩子的万能方法。

五是无可奈何型。把喂奶当任务或负担，很不情愿地给孩子喂奶，在孩子吸吮的过程中不断催促：快点吃快点吃，吃完了我还有事呢。个别母亲甚至对孩子表现出极不耐烦——有时候仅仅是因为打麻将三缺一。

还有很多，恕不一一列举。

上述五种类型都不可取。或许有人认为第一种情形很好。但是，在第一种类型中，母子缺少了交流，只是母亲单向的赏玩。而这里所说的“交流”指的是婴儿与母亲的互动。相互的反应与回应是婴儿良好心理形成的决定因素。婴儿一出生，睁眼面对的世界很小，只有母亲、家、环境。她(他)首先要捕捉的是母亲的眼神。不要小看这目光的捕捉，这是婴儿认识世界的开始，也是心理奠基的关键。

正确的哺乳规则是：

（一）要用“心”来哺乳

哺乳不是一个单纯的喂的过程，而是一个生命的传递仪式。哺乳时要调动自己全部的慈、爱、疼、怜等心理情愫来参与这一传递，是母亲把自己的心血和生命活力的一部分传递给孩子，在这个过程中母子是融为一体的。在这里母亲欣慰和愉悦的唯一源泉是孩子的满足，而不是一方给予和一方索取的关系。用心哺乳是对母亲基本的要求。

（二）哺乳时要伴随眼神交流

我们常说眼睛是心灵的窗口。一个新生命来到世界上，除了短暂的生理适应外，从睁开眼睛的那一刻起就开始了他对世界的探求。他探求的第一个对象就是母亲的眼光，婴儿是通过母亲认识世界的。是否获得安全感、是否被关注、是否被接纳，对婴儿最初的心理建构、以后的性格、价值观的形成影响重大而深远。正确的哺乳姿势能保证孩子在吸吮时能用眼睛追逐母亲的目光，正是在母子的深情对视中，孩子的安全感、温暖感油然而生，小生命的良好心理开始健康地生长。

心理学告诉我们，人有多少种心理状况，眼神就有多少种。充满慈爱和欣赏的眼神传达的是母亲对婴儿无限的爱。爱孩子，只有爱心是不够的，重要的是让孩子感觉到爱。婴儿对母爱的回应，是婴儿爱人、爱世界的开始。常常有人抱怨孩子不会爱人、冷漠无情，那么试问，孩子最初的回应你捕捉到了吗?

（三）哺乳时伴随“抚触”

哺乳的时候，母亲应当轻柔地抚摸孩子，或者伴有身体轻微的摇摆，这是伴随哺乳的积极抚触。“抚触”是心理学概念，现在越来越多地出现在我们的日常生活中。亲切而充满怜爱的抚摸、柔情无限的眼神、善意赞许的语言是积极的抚触。而怒气冲冲的责罚、冷冷的眼光、恶意的辱骂也是抚触，但这是消极的抚触。无视婴儿的存在，对婴儿的信号置若罔闻，对婴儿来讲，属于没有抚触。心理学研究发现：积极的抚触比消极的抚触要好，最糟糕的状况是没有抚触。缺乏抚触的孩子产生心理问题的概率最高，受伤害的程度最大。没有抚触的孩子往往是那些安静、好喂养的孩子，这些婴儿仿佛天生就会体谅父母的辛劳，很少哭闹，即使已经很饿或者需要换尿布的情况下，他们也会安静地等待着母亲的到来。然而母亲没有体会到婴儿的需求，既没有回应婴儿的目光，也没有施以深情地拥抱，仿佛婴儿天经地义就该如此。这些母亲还常常以此为傲：我的孩子像个小大人。这种自以为是的骄傲是母亲对婴儿的误读，会使婴儿缺乏抚触，婴儿对爱的期望也会因此而落空，更谈不上对爱的期望了。

（四）用声音营造和谐

母亲在哺乳的时候应当把自己内心种种积极而美好的感觉用轻柔的声音表达出来，这也是一种抚触。在新生儿成长的过程中，我们提倡“有声的交流”，这里的声音是父母的谈话声、读书声、与婴儿对视时的夸奖与赞美，以及安详地聆听曼妙的音乐声。我们反对简单地播放录音材料、打开电视等没有生命力的声音。

许多年轻的妈妈向心理专家咨询：为什么孩子很小就有不少“坏脾气”？如烦躁、任性、无理哭闹、害羞……凡此种种，如果要追根溯源的话，大部分可以追溯到当初的哺乳失当。

家庭应当为婴儿准备最佳的生长环境：家庭成员要相对固定，家庭成员不要过多；家人间的谈话以自然语调为好，切不可情绪发作，随心所欲。“性静情逸、心动神疲”，性情的传递，心性的形成，和谐美好的家庭氛围，需要每个家庭成员用心来建立。婴儿成长的同时，父母也应同时完善自己的性格，这就是与孩子一起成长的意义所在。父母应努力设想并描绘这样的图景，以形成积极的心理暗示：健康的婴儿、慈爱的母亲、温和的父亲，在心与心的交流中其乐融融。

三、健康第一

健康第一是全人类的共识。近年来，我国的国民健康状况出现了很大程度的恶化。要制止这种恶化的势头，要优化健康教育和教育体制，就必须强调作为源头和基础的健康第一的原则，从而也顺理成章地成为母亲教育的起点之一。

先来看一些令人担忧的现象。

根据生理学家研究的结果，七至九岁的孩子肩、颈、背的负荷最大不能超过五公斤，而目前我国这个年龄段的小学生平均负担的书包重量已达九点五公斤。

2005年秋天，我们在十所高校的大一新生中做过调查，发现几乎所有学生右手中指的第一个关节由于写字过多都变了形。

1992年，我国的一家教育机构对中、日两国青少年体质做过对比调查，结果是同龄的日本学生体质在十项指标中全部优于中国学生。2005年，该机构又进行了跟踪调查，结果更让人担心：中国青少年的体质比上次调查又有了下降。视力下降、握力下降、肺活量下降、胸围下降、爆发力下降、耐力下降，总之是体质下降。相反，心率加快、呼吸加快、体重上升、脂肪增多、血糖升高等，总之，一些不该上升的指标都一路飚升。

一位老师在日记中这样写道：每当我走上讲台时，我简直不忍心向下边望去，下面是一片闪闪反光的镜片，而他们是刚上小学二年级的小学生！

这种状况是令人触目惊心的。防止健康恶化，提倡健康第一，这是目前母亲教育的重要起点。在贯彻健康第一方针的时候，首先要辨析一些流行的观念。

（一）健康第一不是营养第一

健康与营养的关系是母亲们最容易进入的误区。为了提高孩子的健康水平，将能够找到或做出来的高营养食品拼命塞给孩子。为了补这补那，不管什么营养保健品都往家买，结果反而导致孩子把自己的健康“吃”掉了。

（二）健康第一不是第二更不是第三

很多母亲说起来非常关心孩子的健康，但一遇到其他目标的冲击时，首先会把健康牺牲掉。例如为了完成作业，规定孩子学到11点或12点；每到考试陪孩子一起加班加点；节假日不让孩子休息，硬把各种补习班强加给他们，让孩子们无一闲暇。这一类母亲口里或许赞成健康第一，但实际上执行的时候却是智育第一。

还有的母亲动辄剥夺孩子的休息时间逼着他们做这做那，唯独不允许孩子玩一会儿或休息一下。这一类母亲实际上把健康排在了可有可无的地位。

（三）在“散场效应”中坚持健康第一

应试教育是潮流，智育第一也是潮流，在潮流到来时不得不顺应。譬如一个剧场，戏演完后观众一起往外走，这时你偏要往里挤，有什么用呢？这就是“散场效应”，你如果不顾潮流，硬要对抗潮流是要被淘汰的。因此，当前的教育形势下，还必须有好的应对策略才能保证孩子的发展。好母亲的做法是：接受“散场效应”；变督学为导学；引导孩子合理安排时间，保证锻炼；充分利用假期。很多家教个案都证明，只要做到以上几点，就能保证健康第一。

在母亲教育的范畴中，通往健康的途径有四条：充足的睡眠，科学的营养，适当的运动，平和的心态。

关于好母亲的四种做法和通往健康的四条途径，本书在以后的章节中还有详尽的论述。在这里只要求母亲们做到一点，那就是不管在什么情况下，都要把学习知识、完成作业、上补习班等任务安排到四条途径之后，四条途径应成为母亲心目中神圣的法典，不能轻视或无视。

第二节　心理起点

心理学在现代教育中的重要地位有目共睹，而东西方教育重视心理因素的传统则可追溯至几千年前。由于心理健康教育的缺失，致使许多“现代病”蔓延。成年人的心理障碍或疾病，很多都可以追溯到其童年甚至婴儿期心理教育的缺失。不少母亲由于不懂或忽视了婴幼儿的心理教育，抱着“树大自然直”的侥幸心理得过且过，结果受到了惩罚。

作为母亲教育起点之一的心理起点包含两层含义：一是母亲应当了解婴幼儿的心理特点，掌握符合婴幼儿心理规律的养育方法；二是母亲应当做好“当母亲”的心理准备。根据多年的理论研究和实践经验，至少有以下三点应作为母亲教育起点的心理起点。每一位母亲都应当在孩子人生的起点处就实施心理培养。

一、用心理学方法培养最初的良好习惯

能培养良好习惯的心理学方法就是：定向反射习惯化和去习惯化。

一种刺激物或信号的出现、消失、增强、减弱以及性质上的变化引起人体对此方向的反射行为称为定向反射。在刺激物持续作用中或刺激物多次重复出现的时候，定向反射便逐渐消退，即定向反射习惯化。

此时如果出现了其他的新异刺激，则婴儿又会产生对新异刺激的注意，即定向反射去习惯化。

根据这个原理，母亲要精心设计自己发出刺激信号的分类和目

的，要严格根据设计来实施，以求达到最佳的效果。随着孩子的成长，这项工作要适当地扩展内容和不断升级，直到孩子具备了起码的交流能力。

定向反射习惯化和去习惯化的不断提升和发展，不仅让孩子养成了好的习惯（这些好习惯包括了生活的各项内容），而且初步奠基了孩子较强的应变应急的心理机制，为健康的心理发展夯实了基础。不要小看这些微不足道的习惯，例如定时饥渴、定时排泄、定时睡觉，按信号做反应等。这些都是与人一生的习惯养成互为因果的，而习惯决定了人的品位，习惯也塑造了人的一生。

二、生养育一体

“生养育一体”的通俗表述是：谁生的孩子谁带。

目前我国比较通行的生养育模式大致如下：母亲生完孩子休完产假后就把孩子交给祖辈老人，由爷爷奶奶（或姥爷姥姥）全权负责孙辈的一切，自己只管回来哺乳。等到孩子一断奶，母亲就获得了彻底解放，全心全意地扑到工作上去，只在下班回家或双休日才能和孩子团聚一下，而很可能缺乏耐心来为孩子做一些琐碎的事务，也尽量逃避孩子的哭闹，自己落得清闲。更有甚者，趁双休日或节假日小两口儿双双外出潇洒，重拾甜蜜岁月，而把孩子扔在家里。

这种生养育模式贻害无穷。这种模式会在无意中给孩子造成了亲子教育缺失，妨碍了良好习惯的养成，埋下了对孩子未来成长的重大隐患。

由长辈带大的孩子，体质好坏且不说，由于长时间缺乏与父母的相处、沟通和交流，心理上或多或少地会有一些障碍，这些障碍或缺失极易发展为心理问题，而类似的心理问题往往在长大后才暴露出来，到那时再疏导或者纠正已为时晚矣。

因此，年轻的父母应克服一切困难，尽量做到自己生的孩子自己带。如果条件允许，母亲最好亲自把孩子带到上幼儿园。在母子朝夕相处中，母亲可以按照合理的意愿培养孩子，并把这种教育适当延伸到幼儿园和学校。

一个有良好家教的孩子成长的道路上要比其他人优越许多。如果条件不允许，实在做不到自生自养，那也要想方设法地尽量创造条件和孩子多相处，并且不要拒绝做一些为孩子服务的脏活累活。这些辛苦的劳作能激发一个母亲的责任心和神圣感，会生发出许多教子育子的闪光点。

还有的年轻父母限于条件，连上述情况也做不到。那么就只好通过和长辈的认真沟通，达成共识，间接地实践自己的培养计划。这种沟通往往比较困难，因为在长辈眼里，年轻的父母始终还是孩子，再则长辈往往自恃有经验，习惯于按经验办事。这就需要年轻的父母们想方设法，无论如何要通过与长辈沟通取得一致。当然，有时长辈的意见也有可取之处，不能一概否定。

总之，生养育一体是一项重要的规则，年轻父母特别是母亲切不要图清闲省事而放弃自己的责任。并不是祖辈带大的孩子一定不好，而是生养育一体更有利于下一代的成长。

三、耐心考验母爱

如果说做母亲要有充分的心理准备，那么在所有的准备中，耐心是最重要的，也是最难做到的。从某种意义上说，只要有了耐心，就能当好母亲。

耐心是一种发自内心的自信。妈妈们要相信自己有能力化解在妊娠、分娩、育儿方面的困难，也有能力在陪伴孩子成长的过程中经受所有的考验，更重要的是自信有能力帮助孩子解决成长中的困惑和难题。对自己、对家庭、对孩子都充满自信，才能滋生出一种以不变应万变的耐心。

耐心是对母爱的全面考验。随着婚姻生活由新婚的新鲜甜蜜变成天长日久的柴米油盐，再到怀孕、生孩子、坐月子、喂奶，伺候屎尿，这个过程中真是“不如意事常八九”。在这些原因不同程度不同的烦恼中，耐心是唯一的解决途径。年轻母亲对孩子全部的爱都是通过耐心地施与而实现的，特别是在爱心施与受到干扰甚至严重阻碍时，只有耐心能帮助解困。耐心是化解一切不和谐因素的灵方。等到孩子渐渐长大，在此后将近二十年的时间里，夫妻间、母子间的磕磕绊绊几乎每天都有。当这些矛盾袭来时，还是需要靠耐心化解一切，使当事双方烟消火灭。

耐心既然如此重要，那么怎样才能做得到呢？

（一）耐心需要修养

耐心的出发点是爱心。既然对丈夫、孩子和家庭充满着爱，那么切记爱心常常是通过耐心来施与的。因此，在日常生活中，在与家人相对的时候，要调动起自己的爱心，让爱心来左右自己的态度。这样日积月累，一时的忍耐就可以变成习惯，当耐心成为习惯时，是你的教养登上了一个新的台阶。

（二）耐心需要恒心

一时一事的耐心谁都能做到，但坚持一辈子就不容易了。要把对事对人的耐心时刻当成不能跌破的底线，告诫自己无论多么生气也不能跌破底线，这样或许涵养终成。恒心成就耐心，耐心依靠恒心来打造。

（三）耐心其实是“忍”的功夫

当母亲自己不顺心的时候，特别是当孩子犯了错误的时候，要保持耐心首先需要忍。因为教育孩子好像在垒积木，这些积木就是耐心。如果在哪一个点上自己失去了耐心，放纵了自己，那么费心垒起来的积木很可能会顷刻倒塌，而以前所有的耐心都会前功尽弃。母亲有时会特别生气，真想拿孩子出口气。这时是最需要耐心的时候，要反复压制控制自己不能失控，因为失控就会使以前的努力付诸东流。考虑到效果，考虑到自己的修养养成，就要把握自己在情绪最激烈时不说过头话，不做过头事，只要忍过这一时一事，后面就是海阔天空。

（四）耐心和原则并不相悖

耐心要求人不发火、不要态度、不失控，并不是不讲原则、放弃教育、和稀泥。耐心是一种心态和态度，与原则无关。

对年轻母亲来说，能在千头万绪的烦琐、烦恼中，在孩子面前保持耐心是一个良好的心态起点，这种心态的传承会导致家教的成功。

第三节　性启蒙

性及性教育既不能完全归于生理教育，又不能完全归于心理教育，而是跨越两大领域的大课题。性和性教育是人类社会最敏感的神经，许多青少年走上歧路的显性原因是性，但根源却是人生起点上的性启蒙缺失。因此，我们把性启蒙作为起点教育的内容之一。

一、性教育的重要意义

自从有了人类历史，性一直都存在。性随生命而来，随生命而成长。可以说，人的成长就是性的成长。然而，东西方文化对于性都有原罪隐喻。在原罪元素中，对性的罪恶感是最重要的，导致对性的负面评价，如，羞耻、肮脏、见不得人、不道德等，这种罪恶感让人们对于性不敢公然谈论，因而造成了许多的错误信息及不被社会普泛伦理接纳的性行为。因此，母亲首先要进行自我心理建设，即认识到身体应该是被尊重与肯定的。如果母亲对于孩子探究生殖器的反应是忧愁、责骂或处罚，可能会使孩子认为这种方式得到的快乐是错误的，这种影响可能会妨碍孩子接受和给予性爱的能力，而且最后会干扰建立爱情与亲情的亲密关系的能力。从这种意义上讲，性教育就成为一个庞大的系统工程，不能把性教育简单地理解为性知识的传授，性教育涉及生理、心理、社会、道德、伦理诸多方面。

人们生来就有性的差别和性的要求，并且保持终生。当一个新生命降生时，首先被注意的就是它的性别，对于它的养育也依性别而定。性意识随年龄和环境的变化慢慢地萌动。如果适龄儿童没有通过适当的渠道了解性知识，很容易引发心理问题。然而，在一般人看来，人的性心理是到了青春期以后，伴随性生理的成熟才逐渐产生。事实上，人生伊始就有性生理现象出现。当然，婴儿期也存在着性心理问题，只是最初的表现形式和成人的理解与认识程度存在隔膜。

二、婴儿的性需要及其满足

人在婴儿期，就有性的需要，最好的满足手段就是抚触，抚触对婴儿的健康生长尤为重要。“抚触系统”是通过抚摸、拥抱等身体接触的给予和回应建立起来的。任何社会交往的动机产生于对抚触的需要，抚触系统有时是肯定的(照料和赞同)，有时是否定的(破坏和反对)。抚触系统对婴儿的意义非同一般。儿童心理分析家雷尼斯匹茨研究了英国孤儿院中两种类型的婴儿死亡率，他发现经常抚摸婴儿对他们的生存有深刻影响。在二至四岁之间，抚触系统中身体接触减少而言语交往增多，如“我喜欢你”可以代替直接的拥抱。但是，身体的接触在人一生中的作用仍然非常重要。婴儿在温暖的怀抱中可以静静地入睡，同样，成年人在甜蜜和温情抚摸下也能治愈难耐的失眠。不论是爱的需求抑或性的需求，父母满怀爱心的抚摸，就是性教育的开始。儿童的性心理得到满足，才能健康成长。

三、如何与孩子谈“性”

（一）为什么不敢谈“性”

想跟孩子谈论“性”时，却又迟疑不敢开口的最大原因是：不知道究竟应该谈些什么。要与孩子谈“性”，首先要澄清几个问题：

谁是教育者：成人、父母、读物……

教什么：性知识(器官、技术)、性别教育、性道德、性规范(法律)、性与生殖……

孩子想探索什么：孩子的兴趣点、成人的理解……

谁可以成为理所当然的教育者？为人父母，是否在性方面就有发言权？母亲是该关注孩子的兴趣点，还是在担忧什么？也许这种忧虑才是性教育的推动力。

很多父母并不清楚，儿童的思考、理解和对于信息的反应能力与成人有所不同。举例来说，一个三岁的孩子，无法把婴儿的出生概念化；一个四岁的孩子偶然看见双亲做爱，可能会认为他们在打架。若把这些情形解释成“爸爸在妈妈体内播了一粒种子”就不恰当，因为他的脑海里可能会因此出现一幅妈妈体内长了一株植物的骇人画面。依照皮亚杰的研究，十八个月的婴儿对因果关系已略有了解。例如，一个蹒跚学步的孩子抚摸自己的生殖器时经常被打一巴掌，反复几次之后当有人经过身边时，他会停止这种行为(他也许私下仍摸他的生殖器，并因此而自觉羞愧)。

年龄稍长后，孩子可能会认为那种行为有点“邪恶”。如果这样，就太糟了。因为它提供给孩子这样的信息：这是一种可以从中获得快乐，但却不被接受的行为。二至三岁的孩子开始了解“性”，逐渐形成男性或女性的性别定位，这将影响他们未来的行为、人际关系及性反应。

（二）谨慎对待“性”

在中国传统文化中，“性”是一个古老而又禁忌的话题。谈论“性”往往被认为是下流可耻的事情。在每个中国人成长的经验里，很多人都是“性是脏的”这一错误观念的受害者。在漫长的性禁锢中，儿童从小就被灌输“性器官是肮脏的”“裸露的身体是耻辱的”等观念。

直到现在，这种观念还是稳如磐石般地成为大部分中国人成长经验里的一部分。但是，那种完全把性当作科学研究的对象，完全从生理的角度揭示性的构造与机体特点，彻底揭去性的神秘性，甚至发展到性自由和纵欲的程度，则是性禁忌的另一个极端，这也是应当摒弃的。

时代的发展要求我们既理性又感性地对待“性”，以科学的知识了解性的生理特点，以审美的体验维护性的个体私密和美感，以爱的高尚培育性的责任与担承。

目前，儿童性教育已扯下遮羞布，自然地进入人们的视野。不仅不再是禁区，反而由于参与者太多，已成为闹市区。许许多多似是而非的理论进入该领域，对儿童性教育造成了干扰。作为母亲，应该以开放而谨慎的心态来对待此事。

（三）与孩子谈“性”的原则与方法

首先，应该让孩子了解人类的生理差异，意识到男女有别。父母要使用正确的字眼来描述性器官的构造，让孩子感受到有关性的正面信息，使孩子对于性形成正确的看法，而不是隐晦不清或是抱着太多的幻想。

例如，以“羞羞”或“屁屁”代指性器官，似乎在暗示：比起身体的其他部位诸如鼻子、耳朵、脚，性器官是相当不同的，而且是令人不好意思的，它代表了神秘或是一种禁忌，这会影响到卫生习惯与性观念，甚至会影响他们青春期时对异性的看法。在这样的性教育下成长起来的孩子，通常对自己身体意义有负面认识，也会对异性有负面的臆想，容易造成青春期的行为偏差，例如，强暴，虐待。

其次，父母应该主动提出适合孩子年龄、兴趣及理解程度的有关生殖和性方面的主题，应通过循序渐进的方式进行。对于五岁的儿童，只要了解人体器官的名称就可以了。此后，随着年龄的增长，还可以引入更多的内容，儿童抚摸自己的性器官，父母不必紧张，二岁左右的幼儿会对身体各部分产生好奇，喜欢被人抚摸或自己抚摸身体，包括阴茎或阴部。其实他们不过是从摸索认识自己的身体开始，去认识整个世界而已。

最后，不要郑重其事地谈论性，这是注定要失败的。母亲应该找机会谈跟性有关的问题，实施“机会教育”，要一针见血，而不是长篇大论的演讲。一般来说，儿童从三至四岁起便开始认识到男女之间在外生殖器上的差别，并对成人及其他儿童的生殖器产生好奇。这种好奇感可持续到8～9岁，并表现为与性有关的游戏及对性的探究行为。儿童性教育必须严格遵循儿童年龄、心理特征来进行，否则将适得其反。应采取循序渐进、因势利导、生动活泼的方式，而不能采取强迫的、粗俗的方式。家庭成员的言行、举动对儿童的影响是潜移默化的。应创造良好的家庭气氛，丰富儿童生活内容。

零至二岁时的抚触，2～3岁时对男女的辨别，3～5岁阶段准确了解性器官的名称等，这些都是性教育的起点，能正常度过这些阶段，就能为青少年时期的性教育打下良好的基础。

第三章 当今家庭教育的常见问题

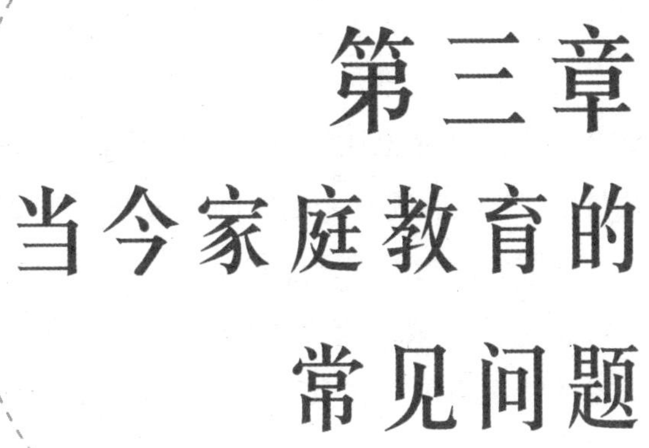

如何做好父母是一个令全世界都困惑的课题，对中国父母尤甚。迄今为止，世界上还没有哪一个国家的父母像中国父母这样含辛茹苦地付出，也没有哪一个国家的父母像中国父母这样不断品尝着失败。

探究失败的原因固然必要，但首先要面对的是现实。

在中国，很少有人不经过准备就走上婚姻的红地毯，但在毫无准备的情况下就做了父母的则大有人在。父母是孩子最初的老师，也是孩子任期最长的老师。从这个意义上讲，父母就是孩子的生长环境。那么，父母凭什么来“教育”孩子呢？教师需要经过正规培训，通过考试认证和实习才能正式成为教师，而父母出于本性、爱心、责任感，就自动地成为孩子的老师，开始担负起“教育”孩子的天赋职责。

“零教育、零培训”上岗，这就是我们要面对的家庭教育的最大现实。从某种意义上说，中国父母付出的辛劳与品尝的失败都与这个现实有着密不可分的关联。

零教育、零培训上岗，并不是说父母在教育孩子方面一无所知或毫不胜任。事实上，每位父母都有自己的育儿经，即教育孩子的观念和方法。父母对于子女的绝大部分教育行为都是在这些观念的牵引和驱动下实施的。不论父母是不是零教育、零培训上岗，本章所提到的观念和方法都是广大父母所熟悉的，被众多父母尊为教育子女的圭臬。我们将对这些近似于约定俗成的教育子女的观念和方法进行理性的解读、思考，并给出我们的理解。

家庭教育是该回到理性轨道上的时候了。

第一节　祖传法宝失灵

中国历史悠久，许多传统沿袭几千年。在家庭教育方面亦有诸多历史遗产，这些“遗产”有许多合理性，纵观中国古今的家庭教育的主体，并没有超出于此。因此，这些遗产看起来很有历史渊源和“文化积淀”，被人们沿用至今。

一、家庭教育的“祖传法宝”

中国家庭教育的历史长河中有一串串令人景仰的闪亮的名字，如窦燕山、孟母、岳母，祖辈们留传下来的教子良方也层出不穷，众多典籍中也有家庭教育方面的集中论述或精辟短论。这些世代流传的家庭教育经，在今天集中表现为以下三种方法。

（一）摆事实、讲道理

这是多数明事理的父母教育孩子常用的武器。因为只要有一个事实，就可以随之阐发出很多道理。铁的事实和因之而生发的道理合力形成一边倒的局面，事实被父母抓在手里，道理全部掌握在父母的嘴里，所以孩子往往采取默认或者表示“我错了”“不再犯了”，以此表示接受家长的道理、顺从家长的意愿。所以，这种方法常带给家长大获全胜之感。

（二）动之以情

这也是许多被逼急了的家长经常采用的办法，特别是许多单亲家庭的父亲或母亲，常常声泪俱下地向孩子倾吐心中的苦水，表白为孩子付出了多少心血，以此来博取孩子的感情共鸣。这个办法与“忆苦思甜”、“痛说革命家史”等曾经成功的政治教育手段相似，获得了极大的应用市场和认同效应，被许多家长奉为法宝。这个方法常与第一个方法结合使用，即“晓之以理、动之以情”，其灵魂在“情”，以情促理，以理陈情。

（三）胡萝卜加大棒

这个在国际斗争中被人们广泛使用的形象说法，其实也是中国家庭教育的传统，严父慈母即是“胡萝卜加大棒”的角色分工。只不过，当今的父母并不严格地遵循传统的“严慈分工”，但总之一个唱黑脸拿大棒威吓，另一个唱白脸拿胡萝卜诱哄，或其中一位家长既扮红脸又演白脸，一会儿对孩子气急败坏地大骂，转过脸就心肝宝贝儿地讨好许诺，开空头支票，最终目的还是让孩子顺从父母。

当然，父母们教育孩子的方法还有很多，但最普通的是上述三种。

二、法宝失灵

这些被历史证明是一抓就灵的办法在今天常“失灵”，并且每每引发孩子与父母的对立情绪或行动。“失灵”的原因到底在哪里？最主要的原因是：今天的父母并不了解今天的孩子，特别是不了解孩子的内心世界，因此低估了孩子，犯了药不对症的的低级错误。

（一）角色关系错了：只当教育者不当朋友

曾有教育专家呼吁：父母一定要把孩子当成朋友。这句话很有道理，不过真正实施起来会有些障碍，特别是对年龄偏小的孩子，原因在于父母很难恰当把握何时应该以朋友的身份与孩子相处，何时又应该是教育者的角色。在中国传统家庭教育环境中成长起来的新一代父母们很难做到真正与孩子成为朋友，这与中国传统伦理观（如父父、子子）有直接的关系。所以，这个呼吁有若干年了，至今仍未变成父母们的行为准则。父母们更倾向于简单地把自己供上“教育者”的讲坛，把双边的朋友式的互动变成一方对另一方的的管教式的操控。实际上，父母的行为孩子看得清楚，他们的心里自有评价。家长不由分说地把自己封为教育者，不许孩子表达自己，这会使孩子们产生由关系错位而带来的逆反心理。

（二）教育方法错了：心病还需心药医

孩子的问题常常不在于道理不明或事实不清。他们的问题往往由情绪波动，说到底是个心理问题。常言道“心病还需心药医”，这“心药”是什么？是沟通，是对话，是心理的疏解与调适。在对这些都不屑一顾或一窍不通的情况下，抓起所谓的“法宝”来试图解决孩子的问题，效果当然令人失望。

（三）道理结论错了：父母讲的道理孩子都知道

采用上述教育方式的父母，常常认为孩子存在的问题是不明白道理、不懂事，但孩子存在的问题的症结与父母所得出的结论常常不沾边。今天的孩子社会化时间提前、接受信息量增多、生理心理成熟期呈现提前的趋势，对一些显而易见的道理他们不会不懂，对家长的疾苦他们同样不会视而不见。只是由于表达方式或行为方式的不同引起了家长们的误解。家长们再拿这些毫无新意的结论来逼他们就范，这就难怪孩子们由厌而生烦了。

角色错了，方法错了，结论错了，所以一抓就灵的法宝在今天就“失灵”了。

三、好父母是学出来的

“法宝失灵”在目前是一个普遍的现象，反映了为人父母者整体性的观念滞后，是一个社会问题。要解决这个问题关键在学习，“好父母是学出来的”。父母——特别是母亲与孩子的接触时间最长，最有条件对孩子施以好的影响，所以一定不能放松学习。每一个孩子都是特别的，每一个孩子成长遇到的家庭教育问题也是特别的。没有任何一种教育方法能解决所有问题。这就迫使母亲必须不断学习，不断在知识、观念、方法上与时俱进。同时，要了解孩子成长中的心理、认识、观念上的变化，因时因事施教。作为母亲，保持学习就是保持开放、接纳的心态，母亲也通过持续地学习不断充实自我，这既是母亲自身的丰富与持续成长，也以“身教”影响孩子的人生态度。

聪明的母亲总是先打开孩子的心。在更新观念的基础上，母亲们可以尝试放下架子，平等沟通。不要急于解决问题，而是首先着力于让孩子把心里话讲出来。只有真正知道了孩子在想什么干什么，教育才能有的放矢。许多孩子的心理问题本身就是因为和父母之间的“心墙”所导致，现在有了无障碍的沟通，问题基本就不存在了，还用“解决”吗？

需要强调的一项重要原则是：家庭里亲人间发生的矛盾是不能用对和错来认识和处理的。亲情要用亲情呵护，而不是用是非对错等冷冰冰的判语来定性。对孩子的教育也不能以让孩子承认错误为主要目的。否则，屡教屡犯，光说不改的恶性循环就会在孩子身上上演。

第二节　美德不是遗传的

虽然大多数父母对于“美德不是遗传的”这一结论都表示赞成，但实际的观念和做法却并不是这样。

一、“美德可以遗传”是父母失职的托词

“树大自然直”，“龙生龙，凤生凤，老鼠生儿会打洞”，“为了给孩子一个欢乐的童年，他爱怎样就怎样，大人不要干涉”，这些都是家长在美德教育面前“振振有词”的说法。类似的言论综合起来表达了一个基本的理念，那就是：只要家风好，不用担心孩子的品行，因为美德是可以遗传的。

这实在是一个最体面的托词——既歌颂了家长，又放纵了孩子。但这廉价的乐观是最靠不住的，无数个案已经证伪了这个冠冕堂皇的理论。

因为家庭“根正苗红”而放松了对子女的教育引导，致使子女走向歧路坠入深渊的事例比比皆是。中国老百姓口耳相传的“富不过三代”“一辈子结实一辈子松”的俗语也形象地证明了这种“无为”理论的幻灭。

相信“美德可以遗传”是一种侥幸心理，其实质是推卸责任和消极等待，实际上是父母“不作为”的表现。这种不作为多是因为教育孩子确实让父母伤透了脑筋，是三十六计之后筋疲力尽的无奈。

二、美德养成需要良好环境

身处的环境对一个人的成长至关重要。从婴儿睁开眼睛开始，他（她）实际上就开始了对外在人、事的观察和模仿。随着不断成长，

环境对孩子的影响会越来越大。家庭就是最早的学校，父母就是最早的老师。如果父母和家庭都放弃了对孩子的影响，那后果自然是可想而知了。

（一）父母就是环境

如果孩子成长的环境最重要，那么父母就是孩子成长的环境。

“父母就是环境”是一个意味深长的命题：对孩子来说，它是对先天基因与后天综合条件的需求。例如，一粒树种植于土壤中，种子和土壤便是先天条件，但它要发芽、成活、发育，就需要继之而来的空气、阳光、水分等后天条件。

对于父母来讲，他们之间的和谐度以及他们所建立的“家庭”便构成了子女最初的环境，是一个供子女“生”的环境。但子女还需要“养”和“育”，这就向父母提出了进一步的要求。这里的水、阳光、空气就是父母对于孩子后继的文化传递，而这种传递无疑给父母提出了新的课题。

（二）环境对孩子的影响既是静态的，也是动态的

父母之间关系的和谐度以及大量表现在日常生活中的言行习惯，都会以“身教”的形式被子女大量吸收和模仿。这种静态的传递虽然无声无形甚至不被当事人觉察，但对子女的心灵造成的影响非常巨大，有时胜过千言万语和耳提面命。

有心的父母会用心良苦地设计他们的“身教”，试图以这种不动声色地熏陶来规整孩子的言行并形成习惯。“身教”是辛苦的，但效果极佳。

环境对孩子的动态影响既反映了孩子成长的历史规律，也说明对“环境”的优化是始终不能停止的。这表明做父母的不但不能消极被动地等待树大成木，而且要直面挑战，积极主动地通过不断充实完善自己而给孩子创造长新、长优的成长环境。

卢梭曾说过：“对一个人的教育，从他一生下来就开始了。她虽

然还不会说，不会听，但已经在学习了，经验先于教学。父母指引的航向，往往会在相当程度上决定孩子生命的航船驶向何方。”诚如斯言！

正因为父母对孩子的影响和引导如此重要，因此父母就应该义不容辞地担负起教育的重任，要充分认识到养成优秀品质的长期性和反复性，“树大自然直”的观念尤其要不得。

第三节　金钱不是万能的

拜金主义的观念和方法把复杂的人际关系、物际关系简化为统一的价值尺度，因此受到了市场经济主体的追捧，并泛化到非市场经济领域。教育领域就是受害比较严重的领域之一，教育有自身的规律，不能任由金钱法则作祟。在子女教育问题上，由于滥用金钱而得到惩罚的事例层出不穷。现实中拥戴“金钱万能”观念的父母不在少数，他们相信：教育孩子，只要有钱也就足矣。

一、“滥奖”奖不出学高的子女

上海某先生因为上小学三年级的儿子考试得了高分，大喜之下重奖这位刚刚九岁的小皇帝一辆宝马轿车，据说价格在一百万元以上。更有甚者，温州一老板为中考成功的女儿发的奖品是一幢四层的别墅，并说这是她嫁妆的一部分，将来高考考好了，还有比这更值钱的“重奖”。

这些极端的例子并不普遍，但的确反映出了当今社会上许多父母的心态和理念。试想这些惊世之举会对孩子们产生什么样的影响，假使此风流行起来，又会在下一代人的心目中形成什么样的价值观？严格地讲，这种奖励实际就是收买，而收买正是利己主义产生的温床。

奖励的本质是对孩子优良表现的肯定和鼓励。这种鼓励的方式可以是多种多样的，只要行之有效，不一定非要花重金不可。

二、“托管”管不出品优的子女

父母因为事业顾不了孩子，就出重金请全职保姆照顾孩子或把孩子交给爷爷奶奶照看。父母做的就是留足“经费”，然后几个月不跟孩子见面，偶尔一见也是时间短暂，且常伴有金钱奖励式的溺爱。

将孩子交由保姆托管，父母或许很省力，但说到底是不负责任的。首先，子女几乎体验不到父母的亲情，即使与保姆之间建立了良好的感情，也决不能与亲情比较。长此以往，子女的心理健康会受到极大地影响，形成冷漠、孤僻、自闭、暴躁等不良心理。其次，由于托管给保姆，父母只能通过金钱的方式奖励或惩罚孩子。在市场经济和商品社会里，金钱无疑是很重要的，但人毕竟不是商品，特别是孩子内心世界的成长是超越了金钱价值的，是金钱买不来的。家长的这种做法，非但起不了好的作用，反而会给孩子的心灵造成污染，会使他们对金钱既充满崇拜，又充满厌恶，无法形成正确理性的价值观。

而那些把孩子扔给“隔代人”的父母，从当前看他们可能减少了劳苦，但将来等孩子长大了，问题就不那么简单了。爷爷辈的老人往往以溺爱、宠爱代替了教育。孩子在如此环境下长成，种种负面性格可想而知，等树大了再修剪后果就说不定了。溺爱是一种扭曲的爱，过分的宽容和迁就容易造成孩子性格的扭曲，如专横、任性、以自我为中心等。同时，过分溺爱也“剥夺”了孩子在生活、学习上独立锻炼和习惯养成的机会。这样，孩子不仅会失去很多能力，更重要的是容易形成懒惰和依赖的习惯，永远长不大。报载不少大学生带着保姆上学，不少新娘带着保姆嫁人，这无不与从小受到的溺爱有直接关系。溺爱在目前的中国已成为社会问题，应该引起全社会的关注。

滥奖和溺爱是家长塞给孩子的裹着蜜糖的毒药。在教育孩子这件头等大事上，金钱永远不是万能的。父母只要满足孩子正常生活需求、教育需求和发展需求就足够了。

第四节　榜样的力量是有限的

曾有一个口号四十多年来一直回响在中国上空：榜样的力量是无穷的。中国是崇尚榜样的国度，从某种程度上说，中国的励志教育已简化为是榜样教育。

一、榜样教育的历史评价

榜样是人群中的精英，他们的业绩和精神为广大后来者所仰慕以致模仿，这本来无可厚非。在大一统的社会环境和相对单一的价值取向人群中，榜样曾有过不可磨灭的历史作用，这种强大的精神作用可以延伸到今天甚至今后，这也是无可否认的。

问题是当一种教育方式成为唯一的时候，就会显出负面效应。特别是在一个多元化的社会环境中，现实给孩子们提供了多向多元的选择，这时候再来过度强调榜样教育就难免遭遇逆反了。因为榜样离"神"或"圣"更近，而离人远，不是大多数凡人力所能及的。

比如说，我们做一个跳高试验：这个试验要求十个身体发育正常的成年男性都要越过一米的横杆。因为这是个经过努力最终能达到的目标，所以每个参加试验者都不会放弃，结果也是令人满意的。如果把条件改变，要求上述十人都要越过两米的横杆，因为这是个几乎不可能达到的目标，所以大家自然会知难而退，最后选择放弃。

这个试验虽不能恰如其分地印证榜样教育的成功和局限，但它却给我们提供了一条另外的思路：榜样（拔高）教育能否变为底线教育？这条思路很快得到了例证。

二、底线教育比榜样教育更具现实意义

许多教育比较成功的国家对受教育者的要求并非一味号召他们向榜样看齐，而是设立一条不能跌破的底线，这便是法律、道德、政策和纪律等。

事实证明这种设立底线的教育相当成功，因为它可以保证受教育者都得到了高于底线的训练，这样他们的整体素质就整齐地处于底线之上。这和榜样教育效果上的高低参差比起来，有效性、可行性、可操作性都容易被受教育者所接受。

就国民素质教育的整体效果和长期效应来看，底线教育应成为最基本的必需教育和全员教育。而榜样教育则视情况而定，不必使孩子们的上空悬满了榜样，反而忽视了脚下的高低不平，甚或陷阱。

推出底线教育是对传统教育方式的一次颠覆，颠覆之后是良好的互补。但在目前，家长们应在“设立底线”——如不撒谎、不偷窃、不损人利己等道德品质领域内下足工夫。除此以外，作为国民教育，国家也应该倡导法律、道德底线教育。只要不跌破底线，则前面的自由几乎是无限的。这样既有了集体意志，又有了个性张扬的空间。国民的精神面貌和人际之间的和谐程度自然会呈现另一番崭新的景象。

本书第五章第四节将对底线教育展开详细论述。

第五节　压力未必能变成动力

“有压力才有动力”，这似乎是不证自明的。有家长在谈到对孩子的教育时说出了自己的信条：孩子不加压不行。相信信奉此信条的家长不在少数，除家长之外，还有老师、社会。

一、孩子遭遇高压

当下，孩子们成了全社会最忙的人。

孩子在学校的学习时间自不必多提。放学后的时间也被家长安排得满满当当，甚至精确到以五分钟为计算单位。除了繁重的家庭作业之外，许多家长还给孩子们报了数不清的补习班。周六、周日都马不停蹄地奔波在各种补习班之间。一天只有二十四小时，安排不过来就只好侵占孩子的睡眠时间，多数孩子长期睡眠不足，体质逐年下降。

相对于家长和老师来讲，孩子是典型的弱势群体。“罢工”决不可能，“怠工”也难逃法眼。孩子们只有逆来顺受，忍受这漫漫的折磨，极少数孩子精神崩溃，走上了绝路。自杀往往是精神崩溃的孩子选择的终结方式之一。这几年学生自杀呈现上升趋势，并且越来越低龄化。这是一个令人触目惊心的事实，当一个尚在小学读书的孩子忧心忡忡地表示“人活着真没意思”时，父母还不应该痛心地反思吗？

2004年在东南某地接连发生了两起学生弑母事件，震惊全国。人们往往只看到这严重的后果，而很少对酿成这一悲剧的角色因素进行客观地探究。实际上，这些悲剧的真正导演正是父母，是他们多年来对孩子施加压力的恶果。

二、高压力的恶果

在强大的压力下，父母期望的“压力变成动力”并没有出现，过高的压力反而严重挫伤了他们的自尊、自信，使他们过早的精神萎靡，成为无精打采的一代。在这表面的委顿下面是日积月累的逆反心理，当某种不健康的情绪积累到极限时就会爆发，酿成恶性事件。

压力造成的长期紧张还带来了另一类更为严重的后果，那就是青少年一代的体质普遍下降。许多调查显示，这几年孩子们的身高指数比前几年上升，但体质健康指数却在下降。曾有一位老师揪心地说：每当我站在讲台上，最让我受不了的是下面那一大片闪闪反光的眼镜，我的班上百分之九十的孩子患近视，而他们才是刚上三年级的小学生啊！

我们常说：健康是工作的本钱，身体是寓知识之车。没有强健的身体，还奢谈什么将来？

三、孩子承载了社会压力的聚合

当然，我们知道大多数父母也是被逼无奈。曾听到一位家长发表如下的言论：现在的中国教育，就像刚散场的剧院一样，满场的人都往出口走，这时候你只能顺应潮流，谁还敢逆流而行呢？

这位家长的话道出了学生负担过重、压力过大的社会原因。要解决这一问题需要全社会特别是教育部门的有效作为。给孩子加压的深层原因不能完全归罪于社会，在家长方面，满足自己的虚荣心、自尊心、望子成龙、出人头地的情结是占主导地位的。孩子上学本来是天经地义的事，却无缘无故被家长赋予了许许多多的内涵，须知稚嫩的肩膀尚担不起过重的担子。家长把孩子存在的意义异化了：孩子不再是孩子，是承载着某种功能的工具。正是这种异化和功能化，扭曲了家长与孩子的关系。把孩子们推进了不堪重负的泥淖。

诚然，害怕孩子在残酷的社会竞争下败下阵来也是父母给孩子加压的原因之一。有这种担心是必要的，但解决的方式不应是一味地加压，本书第五章第五节就“散场效应”有专门讨论，供读者借鉴。

四、压力转变为动力是有条件的

给弹簧加压，弹簧会反弹；给豆腐加压，豆腐会碎。

压力变成动力是有条件的，主要取决于主体的强大程度和由于自身的强力而逼现出的曲折转换的心理趋向。假设主体的强力消失，那么来自客观的压力越大，受压者萎缩或变态的概率越大。

压力变动力，是在有高远的目标和意志激励的条件下的嬗变。在通常情况下，压力都不会轻易变成动力，更何况是旷日持久地消耗与无边无岸的扼杀呢？

使孩子们失去童年的，常常是这种来自父母的“压力”。对于有年无“童”的孩子，缺少了童年的奠基，哪儿来成长的动力？

第六节　完美主义——婉转如河妖的歌声

希腊神话中有一个美丽的河妖。每当夜幕垂空，烟雨茫茫的水面上便响起河妖那摄人魂魄的优美歌声。渔人、行者都被这歌声缠绕得如痴如醉，当这婉转的旋律化作不可抗拒的异性诱惑时，渔人和行者的厄运便来临了，勾魂摄魄，云散水消。

有一点可以肯定，这则故事中的牺牲者至死都不是清醒的。因为他们奔向死亡的过程就是奔向心目中美好目标的过程。

一、完美主义是父母的普遍情结

虽然大多数父母都知道“金无足赤，人无完人”，也知道“人非圣贤，孰能无过”，但家有骄子的喜悦和望子成龙的心态还是大大拔高了他们对孩子的期望值。“塑造孩子完美人格、完美体格和完美知识结构”的完美主义塑造工程也不屈不挠地在许多家庭展开。

只要是长辈和比孩子年长几岁的人，似乎都有资格对成长中的孩子指手画脚。

孩子的言行举止甚至每一个细节都会引来一番评头论足，表扬、激励、规劝、诱导、批评、训斥如万炮齐发。爸爸要他往东、妈妈要他向西、爷爷要他锻炼、奶奶让他休息、舅舅要他学习、叔叔要和他游戏，一家人把孩子当作靶心的目的只有一个：让孩子发扬优点，改正缺点，把孩子塑造成一个完美的人。

二、完美主义情结塑造出的孩子

父母的动机自然是好的，但孩子小小的身躯和稚弱的心灵怎能经得起这般日久天长地修理呢？当孩子们实在无所适从时，他们开始

“不完美”了。

有的孩子用退却来捍卫自己，他们把自己关进房门，营造一人世界，寻找种种借口不见外人，不与外人甚至父母多说一句话。有的孩子开始烦躁，谁的话也听不进去，动辄发脾气，用哭闹折腾别人借以掩护自己，长此以往呈现病态人格的先兆。还有的孩子开始“造反”，积极抵抗和消极对抗都有，故意反其道而行之……

把孩子“教育”到这个份儿上，父母们该沉下心来想一想了吧！

三、扬弃完美主义

一个人从出生到辞世，先天的遗传不同，成长的环境不同，所受的教育不同，经历的事情不同，从事的职业不同，成功的因素不同……只有一点是相同的，那就是：人皆不是完美的。作为一个人，也不可能达到完美。因为完美与否是别人（客体）对主体的评价，每个人心中的完美标准不一样，也就没有完美。

提出“完美教育”目标的教育家高屋建瓴，实施“完美教育”工程的家长用心良苦，但“完美教育”毕竟只是理论层面的东西，是良好的愿望，并不具有操作性。

扬弃完美主义并不是不设高标，而是首先要夯实基础。要孩子把自己应该做到的踏踏实实地做到，在做的过程中不求最好，但求路正心正。

完美虽然达不到，但我们可以不断地接近完美。能让孩子接近完美的教育就是最成功的教育，能让孩子接近完美的父母就是最成功的父母。

父母们对孩子的期望常常得陇望蜀，永不满足，但孩子毕生所能达到的目标却是有限的。正确的态度应该是把比天高的心放下来，认真领会一下孔夫子“有教无类”的教诲，根据实际情况对孩子加以引领。不管孩子将来干什么，假如不能都成为业界精英，做一个好工人、好农民、好战士，这不也是成功吗？

诚然，现在就把孩子的前途定位在工人、农民、战士等普通劳动者的身份，对许多家长来说是不甘心的，有龙凤何必求马牛？但云山雾罩的幻想毕竟不是脚踏实地的践履，家长们务必放平心态，做劳动者有什么不好？再说，只有获得了脚踏实地地踏跳，必要时才能一跃腾空。让孩子活得实在些比什么都好。

即使达到了成功也远不是完美，这是大家都心知肚明的。那么，就让完美主义缥缈的歌声远去吧！

第七节　神童——迅忽如彗星的光芒

神童就是早慧、早通的人才，中外历史上不乏其例。他们都在各自的领域中大放异彩，举世瞩目。神童的出现于家于国于民都是一件好事，许多神童成长经历和经验如果对孩子们的教育有普遍的指导意义，也是值得大力推广的。

一、天然神童与人造神童

神童是中国古代对智慧出众或才赋优异的儿童的一种称谓。在当代，神童成为人们对智力超常儿童的爱称。神童在现实生活中是客观存在的，根据他们所表现出的不同特点对其进行差异化的教育，符合教育规律。我们把这类禀赋异常的儿童称为“天然神童”。

但是，如果对孩子施以超越其心理发展水平的教育，进行“强制性”或“掠夺式”的智力开发，经过单一的超强化训练，培养出的有点特长（如提前认字）的孩子，统称为“神童”或“天才”，那么，这种制造不仅会扼杀儿童的天性，而且也会阻碍了儿童的健康成长。这类儿童就是我们所称的“人造神童”。这类人造神童是恶性的揠苗助长式的教育产物。

近几年来，我们的眼前一直被“神童”所充斥。像“神童”教室、“小太阳”摇篮、“天才”行动等，一些机构盲目鼓吹“零岁识字、三岁扫盲”“儿童个个都是天才”“让神童走入普通百姓家”，等等。似乎他们开办的培训班、幼儿园，都是制造神童的“加工厂”，输入一个稚童，输出一个神童。

或许人们很少注意到神童的结局。根据一项调查，神童的结局有以下五种：一是随着同龄人的“慧”“通”，在成年后逐渐与同龄人的智慧与才干水准持平；二是神童继续保持其领先的态势，只是与同龄人已没有太大距离；三是少数神童始终卓异，终成大器；四是早逝，这在神童史上占有相当比例；五是在大红大紫时没有保持清醒，最终酿成悲剧，这个结局的比例非常大，只不过没有得到人们足够地重视和思考。

我国是神童层出不穷的国家，特别是随着我国经济社会的发展，各行各业的神童也越来越多。媒体的炒作对神童现象起了推波助澜的作用，吸引了无数的家长和老师，他们都深信只要通过努力就能创造奇迹。

神童确实是奇迹，但奇迹往往是一把双刃剑，众多“神童”的悲剧已然作证。神童现象是我们的喜，也是我们的痛。

二、神童能不能被制造

让我们对近十年兴盛不衰的“制造神童”加以解读。大多数神童教育的内容以艺术、语言和数学为主，主要培养艺术能力、记忆力和思维能力。

（一）技能训练就是艺术教育吗

以培养艺术神童为目标的教育，通过单纯的临摹和高强度的重复训练，使儿童娴熟地掌握复杂的艺术技能和技巧，达到表现宏大、复杂艺术作品的能力，以此作为其艺术神童的证明。但真正的艺术教育包括艺术知识教育、艺术技能教育和艺术审美（鉴赏）教育，三者共同支撑起完整的艺术教育体系。而对于儿童来说，不具备接收系统艺术知识教育和技能训练的生理基础，高强度的技能训练是一种带有摧毁性的教育活动。而且，丰富的生活经历是从事艺术活动不可缺少的内容基础和灵魂来源。但是，幼儿的生活经验非常有限，尚未形成真正意义上的审美态度，即使他们强烈地被作品吸引，也多是受到艺术外在表现形式上的吸引，这只是一种良好的兴趣开端，不足以说明儿童具有艺术方面的超异秉赋，更不应成为超负荷技能训练的引子。比如书画训练能使儿童熟练地运用工具，但充其量只是培养一种笔墨习惯而已；同样，学前儿童学习演奏乐器，常常是在父母、老师的监督之下，心不在焉地移动着手指，根本谈不上美的熏陶。从现实、理性和可行的角度上讲，儿童的艺术教育应当是建立在儿童艺术兴趣基础上，以艺术审美为核心的艺术启蒙教育。

（二）思维能力能否跨越式发展

学前儿童抽象思维能力的可能性与认识符号世界的必要性之间存在着矛盾。符号是人类智慧的结晶。它既是意义的表征形式，又是文化的传承工具，如语言、文字和图形等，符号对儿童了解世界、了解文化是十分重要的。幼儿正是在同各种符号的接触过程中逐步适应特定文化，建立相应行为的。然而，对幼儿来讲，有些符号是可以解读的，有些是暂时无法解读的，因为幼儿的抽象思维还处于较低的水平上，形象思维还占主导地位。父母不能把幼儿暂时不可解读的符号强加于学前儿童，这不仅难以促进幼儿心智的发展，反而会使幼儿认为学习是不可能完成的事情，进而厌恶学习，逃避学习。

（三）缺乏理解的背诵利大还是弊大

在对幼儿进行超常规识字、背四书五经、学外语等训练时，由于他们缺乏相应的认知理解力，因此只不过是在培养幼儿的记忆力。作为儿童个体而言，当众多的儿童在接受这种神童教育的时候，绝大多数失去了主体，变成了被动的语言“接受器”。比如，由于当前的“外语热”，应运而生了许许多多的“双语”幼儿园。“双语”是指一种语言环境，特指用母语的人生活在另外一种语言文化环境中并受其影响，自觉接受并学习使用这种语言的情形。让幼儿接触外语，可以对幼儿进行多元文化教育，帮助幼儿认识和理解其他语言文化现象及其表达方式。另外，在幼儿语言敏感期对其进行外语教育会收到更好的效果。但是，目前冠之以“双语”幼儿园的环境，只是把外语作为一门课程而已。此外，向幼儿进行外语教育必须遵循幼儿学习语言的规律，否则不仅不能达到预期的目的，反而会变成幼儿的负担，损害幼儿学习语言的积极性。

三、心理学对儿童发展的理解

儿童的发展是全方位的，不仅指生理、心理的发展，而且包括整个精神的发展。不仅要让幼儿获得知识、技能，更重要的是通过教育促进幼儿人格均衡和谐地发展，使幼儿具备继续生长的能力。然而幼儿年龄小，知识经验贫乏，生理、心理发展水平的局限决定了对幼儿的教育不能是灌输式的教育，也不能是强迫训练式的教育。当前的神童训练大多是在家长、学校的双重压力下残酷地进行。因此，制造神童的实质无异于扼杀儿童。

瑞士儿童心理学家皮亚杰认为，儿童的发展就是儿童凭借自身原有的图式与环境相互作用的过程中，通过同化、顺应不断获得与改造经验，不断取得平衡，从而建构自己的心理结构的过程。所以，儿童的心理发展过程就是一种经验的不断丰富、改造的过程。而经验的丰富与改造是在儿童的生活中进行的。另外，幼儿的认识发展处于前运算阶段，这就决定了在幼儿教育中必须依靠一些鲜明形象的事物和直观的教具来帮助幼儿获得经验。

儿童对客观世界的认识是以探究式活动为中介的。通过探究式活动，儿童原有的认知图式会发生同化或顺应作用，最终达到主客体之间的认知平衡。

四、制造神童是成人和社会需求的满足

“神童”教育无视儿童的智力和心理发展规律，以一种非儿童的方式教育儿童。有的把儿童当做植物，进行园丁式的修剪；有的把儿童当做动物，进行猴子一样的训练；有的干脆当做物品，进行“工厂化”加工而忽视了儿童也是一个生命体。这些都是成人中心思维下的儿童教育，把儿童当做成人的缩影或附属物，按成人的理性设计安排

或者以成人的认知方式进行，忽视了儿童独立存在的价值，泯灭了儿童的个性，扼杀儿童的创新精神，还不同程度地造成了儿童智力与情感、好奇与好胜、动手与动脑等健全人格的分裂，影响了儿童后继个性的全面发展。

可以说，所有的神童教育都是在一厢情愿的理想指导下，由家长、社会促成的。各种训练泛滥，充斥了儿童全部的生长空间。成人社会中竞争的加剧和生活节奏的加快，已不知不觉地影响到儿童的生活，儿童在成人的催促下，已无法随心所欲地拥有自己的天地。上午学电子琴、下午学舞蹈、晚上学外语……儿童在这种高强度的机械旋转中精疲力竭，逐渐远离了游戏，远离了游戏精神，远离了儿童生活。“神童”的“神”出现了，“儿童”的“童”却不见了。因此，教育应当充实幼儿的生活，发挥儿童的主动性，而不是制造“神童”装点成人社会，满足成人和社会的心理需求。

第八节　性教育不能再逃避

性教育是我国教育中那把“烧不开的壶”，但现在，我们不能不提这把壶了。这样一个事关婚姻成败、家庭幸福、繁衍生息的重大命题，任何一个民族的教育都是绕不开的。

一、曾经的性教育缺失

很长一段时间，我国针对青少年儿童的性教育是完全缺失的。

（一）性教育缺失是谁的不光彩

我国的性教育多年来好比掩耳盗铃，玩起了“性神秘——性禁忌——性肮脏”的三部曲，“性”在教育中成了人人意中所有而人人言中所无的东西。

这种自欺是无济于事的。在孩子们身上，性天然存在，昂扬的生命活力更大，像他们的年龄一样势不可当。任何掩盖、堵截和不承认的措施，除了让孩子们厌烦以外，留给家长的只有滑稽。滑稽之后便有一种很强的异样感袭来——不光彩。到底是性本身不光彩还是我们的做法不光彩呢？

（二）性教育缺失的黑色幽默

江南某高校一对硕士夫妻，结婚一年后不能怀孕。临床检查检验后的结论是；这对夫妻根本不知道什么是性生活，他们认为只要夫妻间经常拥抱和亲吻，便可导致怀孕。

某单亲家庭中母亲对女儿要求极严，从小到大几乎到了寸步不离的程度，贞节教育更是天天不缺。后来，这位“纯洁”的女儿在新婚之夜被丈夫的行为惊吓而死。

某医学院一位十九岁的女生在生理基础课上发出疑问："老师，睾丸指的是什么？"

类似的典型例子不胜枚举，这些令人啼笑皆非的事例不仅仅是黑色幽默，它们恰恰向我们印证了教育体系中性教育的严重缺失。

（三）性教育缺失的严重后果

性教育缺失的后果表面上看似好笑，问题也大多属于蒙昧无知的层面，但仔细想来，一个民族的教育体系中如果缺失了性教育，后果是非常可怕的。由于性教育的缺失，由性本体而生发延伸的课题便无从谈起。而这些后续的教育，不仅牵涉到一个人的终生命运，更涉及一个民族的生存质量。

由于我们对性的禁忌，全面避开了性的后续教育。在这种条件下来讨论全面提高国民素质，缺乏足够的可行性。家庭是社会构成的基本单位，家庭的幸福是构建和谐社会的重要因素。然而，对构成家庭的人的教育体系是残缺的，只注重社会角色的教育，而忽视了人伦角色的教育，更不用说占人伦教育源头地位的性教育，所以我们可以是一个好工人、好农民、好教师、好战士，但常常不是一个好丈夫、好妻子、好爸爸、好妈妈、好儿子、好女儿。由于性教育的缺失，当不好人伦角色也就不奇怪了。

举例说明。我们常常教育孩子长大以后要做一个什么"家"，孩子的作文中也不乏类似题目：我的志愿，我长大了做什么，等等。这些"家"当然囊括了社会上大部分职业。但有一点可以肯定，迄今为止还没有哪一个学校给学生出这样的命题：长大要做好丈夫、长大要做好妻子、长大要做好爸爸、长大要做好母亲。类似的题目在外国教育中却不乏其例。美国某州的高中教材中就有一篇这样的课文，是一个母亲的自述，这篇课文的大意是：做一个好母亲的愿望起始于我在小学时候的一篇作文，那时我就立志长大以后当一个好母亲，那是我的真实愿望。感谢学校和家长多年来给我的培养和教育，使我具备了一个好母亲的条件，今天我成功了，我现在是三个孩子的母亲，我从生育、抚养孩子的日常生活中得到了最大的快乐，我和丈夫、孩子生活在一起，幸福和欢乐充满了我们家庭。如果这篇文章选入我们的教材结果会怎样？这篇文章实际上反衬了我们教育体系中的某种残缺。

二、性教育不能再逃避

性教育缺失的现象正在逐渐得到改善，教育界和家长们大部分也认可这个问题。只是由于长期的缺失或扭曲，很难在短时间内将性教育这门学科全面、健康地开展起来。教育者仍然在有选择地进行性教育，避重就轻，逃避责任。

（一）性教育内容的避重就轻

现在的性教育是一种头痛医头、脚痛医脚的弥补式的教育。正是由于出现了上面提到的性教育缺失的黑色幽默，所以把性教育缺失的恶果都归结为性知识的缺乏。因此，性教育在内容上基本是对性生理、性功能的教育，即教会青少年儿童了解两性生理的构造差异与特征、性行为的特点、如何避孕、如何在结婚之前缓解性紧张等。这些性教育可以统归到“性科学”的大旗下，都属于性知识范畴。

然而，性知识教育是性教育体系中最容易的。性教育中牵涉到价值观的核心内容，如性伦理道德教育、性别教育、性审美教育、性社会学教育等却鲜有涉猎。但这些内容如果缺失，就好比我们教会战士如何用枪，却没教育好战士听谁的指挥。

性教育内容上的避重就轻是性教育主题取向上的失重，是性教育者在性教育困难面前的不负责任的逃脱。在教给孩子性知识的同时，青少年出现首次性行为的年龄大大提前，对性行为缺乏足够的尊重与严肃的态度。难道我们的性教育就是要教会女孩如何避孕，就是要教会未成年人如何获得性快感吗？

（二）性教育主体的逃避责任

现在的性教育基本上是通过学校教育实现的。学校教育固然是性教育的重要场所，但是性教育的另一重要主体——家长——却基本处于有意回避的状态。虽然，很多家长也开始认真面对性教育问题，因为在教育子女的过程中，必然会面临这样的问题。但是，由于种种原因，家长总是感到性教育非常困难，或者敷衍孩子，或者干脆告诉孩子“长大了就会明白”或让孩子去学校问老师。其实，这也不能怪父母，因为他们小时候就没有接受良好的性教育。

父母对孩子性教育的逃避，不仅仅是对性知识教育的回避，更为严重的是对性伦理教育的无知。如果哪个中国儿童向世界大声宣告他（她）的梦想是做一个好父亲（好母亲）或好丈夫（好妻子），估计他（她）的父母会顿时紧张。但这些角色，恰恰是社会最需要最基本的，是每个人都回避不了的，也是父母最应当教给孩子的。那些表示长大了以后做个好父亲（母亲）好丈夫（妻子）的孩子，看起来没有崇高的追求，但在这平实的背后是他们在人生角色选择中的勇气和态度，不掩盖、不逃避、永远正视事实，从容塑造自己。

三、请父母坦然面对性教育

性教育是教育体系中重要一环，也是父母教育体系中的主要内容，那么就应该坦然面对。一般来说，儿童从三四岁起便开始认识到男女在外生殖器上的差别，并对成人及其他儿童的生殖器产生好奇感。这种好奇感可持续到八九岁，并出现与性有关的游戏及对性的探究行为。当儿童出现性别意识，并随之产生符合性别的行为、心理后，就可以逐渐着手进行性伦理方面的引导。儿童性教育必须严格遵循儿童年龄和心理特征来进行，否则将适得其反。

本书第五章第十节有相关论述，请参阅。

第九节　莫为儿孙做马牛

曾有一副对联："儿孙自有儿孙福，莫为儿孙做马牛。"这副对联曾被中国农村广泛地用作春联，特别引起一些长者的偏爱。这副格言般的对联是某些父母的宣言，向我们传达了一种通达的处世哲学，同时也透露出一种对孩子的教育态度。

不知是因为生活条件所限，想"为儿孙做马牛"而不可得，还是中国传统教育中就持有这份理念，今天重温这句话，对古代父母充满了钦佩。这种拿得起放得下忍得住的开放胸怀，在今日的父母中已不多见了。

一、甘为马牛是爱的过度表达

今天的父母是如何甘为马牛的呢？小学中学不必说，大学里也是每年都屡演不衰的风景。开学时，多少父母大包小包肩扛手提吃力地走，而宝贝儿子（女儿）则浑身轻松地甩着双手东张西望，那份悠然自得，那份坦然无愧的样子，只让旁观者怀疑他们之间是否有血缘关系。偶有对话，也是儿子（女儿）居高临下，一脸的不耐烦，而老爸老妈却诚惶诚恐，满脸讨好。终于办好了入学手续，一路"埋单"下来的父母陪孩子进了寝室，辛劳的父母此时又心甘情愿地做起了清洁工，外买、洗衣服……直到把孩子安排得妥妥当当，才不放心地离去。

让我们再深入家庭。映入我们视野的，是一幕幕小皇帝和几个奴仆的话剧。追着喂饭、逗着开心、千金买笑，古今中外的法子都用了，几个奴仆围着一个中心转，争先恐后地施爱邀宠。目的一样，方法不同，长辈们常常为了这个互相埋怨、甚至结怨。这可真是货真价实的无微不至，在如此“爱心”下成长起来的孩子又怎样呢？

二十几岁的大学生从未洗过衣服已不是新闻，十岁的孩子不知道白开水是什么也不算稀罕，一位六岁的学前班小朋友在一次就餐时竟不会吃煮鸡蛋，当老师问他为什么对着鸡蛋发呆而不吃的时候，他竟然说：这个鸡蛋和我们家里的不一样，家里的鸡蛋是软的，可以下嘴就啃，这里的鸡蛋是硬的，咬不动。

这就是父母甘为马牛的结果。

二、莫为儿孙做马牛

甘为儿孙做马牛的后果不仅仅在于使中国孩子的自理自立能力差，更让人担心的是，如此的生存环境和生活、学习条件实际上已使很多孩子蜕变成了道德上的无知者和心理上的软体动物。很难想象一个生存能力和智慧都很苍白的人，将成长为什么样的人，这样的人纵使智商再高，于国于家于自己又有什么用？

这种现象如今已引起社会各界关注，有关方面也作了诸多努力，限制这种来自父母的“马牛”之爱干扰孩子，但收效并不大。究其原因，还在于做父母的执迷不悟或言行不一。

诚然，从伦理角度讲孩子是父母生命的延续，爱子之心、舐犊之情人皆有之。道理人人能讲，但事关自己时却难以超脱。这些从感情上都可以理解。但从长远的利益考虑，往小处说这关系到孩子能否真正成“人”，往大处讲则关系到整个民族的整体素质，而这两方面的利益紧密相关，有时甚至是一回事。既然这样，国家现在提出的“为国教子、以德育人”就不是空洞的理论了。

其实，“甘为儿孙做马牛”和“棍棒之下出孝子”是一种观念的正反两面，从一个极端走向另一个极端，并不是从谬误走向了真理。这值得中国的父母深思。

第十节　孩子比父母更宽容

以这个话题作为本章内容的结尾，是希望所有身为父母的读者，能够静心反思教育孩子过程中的故事，特别是那些冲突、对峙，然后想想“孩子比父母更宽容”的结论是否成立，以期能够更好地理解本章阐述的所有内容。

在前文中，我们已经分九个专题列述了父母在教育孩子方面的误区。正是这些误区的存在酿成了大大小小的“家庭战争”。由于“家庭战争”的双方构不成实力的均衡对抗，因此作为弱小势力一方的孩子便被迫想出种种战法，这些战法的不同导致了“家庭战争”在表现形式上的“百花齐放”。

孩子们的“斗争形式”随着年龄增长和智力的增长而改变。婴儿期，父母们大多还沉浸在欢迎家庭新成员的喜悦中，对孩子的溺爱多于教育，孩子的一哭一笑就能让父母妥协。对于父母来讲，这时期是其乐融融的和平年代。岂不知婴儿虽小但意识却已逐渐形成，许多不好的习惯和脾气正是在父母关爱和让步中扎根。到幼儿期，父母与孩子的对峙逐渐形成，但实力悬殊，哭叫已无济于事，这时的孩子大多会选择保护伞或避风港，爷爷、奶奶、姥姥等长辈往往会主动上场，充当狙击手、和事佬或最终裁判。

一般的情况是，每当父母一生气，将要采取更严厉的手段时，孩子早已机灵地跑到祖辈身边，一边幸灾乐祸地看着父母受阻，一边享受着来自爷爷奶奶或外公外婆的安慰和鼓励。于是这一场“家庭战争”以儿女的胜利变成喜剧，岂不知正是这“喜剧”的循环上演已经为以后的悲剧奏响了序曲。

到了少年时期，由于学习问题提上了议事日程，那种带有闹剧色彩的家庭喜剧不再上演。孩子们一方面失去了庇护；另一方面，由于他们此时还没获得足够与父母对峙的资本，通常是选择逃避，逃避不成就作出退让。这一时期，孩子们承受着繁重学业和家长的双重压力，内心世界是比较痛苦的。但这时的孩子已经明白事理，许多孩子开始尝试着体谅父母的良苦用心，开始原谅父母一些过火的语言和行为。

这是一个非常敏感而又非常关键的时期，许多家庭在这一时期由于双方的互谅而出现代际关系的新气象。同时也由于双方的反思而使双方已经和好的关系得到进一步提升。

需要引起注意的是，我们提出的谅解和反思都是双向的、互相的。

一个令人不安的现象却是：据我们调查统计，在这一时期几乎所有的孩子都抓住了这个大好的历史机遇，及时给父母送上微笑，借以表示“我已长大懂事了”，言外之意也很明了，以后别总拿对付小孩子的办法对付我了。而大部分父母却在这关键时刻犯了糊涂，他们竟错误地认为孩子终于明白了，自己在和孩子的对峙中终于获得了最后胜利，需要再接再厉一如既往地鞭策着孩子继续前进。

孩子的进步被父母误读，热脸贴了冷屁股。当孩子在一次次挫折下发现父母不仅没改变而且变本加厉之后，他们只好丢掉幻想准备战斗。客观地说，这时的孩子经过了反思自省，他们的境界已得到升华，他们能够在一个心态的制高点上鸟瞰父母的作为，常常对父母做出精辟的评价。

占有心理的优势，再加上较父母宽阔的视野，这样就形成了孩子们比较宽容的胸襟和气度。他们很少和父母公开争吵，也决不用父母们那“一抓就灵”的法宝来应对。他们明白和父母的分歧常常不是对与错的问题，而是观念、文化的隔膜，而类似的隔膜是争论不出青红皂白的。解决这些问题不需要政变，不需要歇斯底里，只需要时间，只需要相对平和的心态。因此，孩子们选择了宽容，而宽容常常表现为沉默。

做父母的可以冷静地回忆一下，然后扪心自问：在与儿女数不清的交锋中，是否做儿女的更宽容、更达观、更接纳呢？相比之下，父母们的气急败坏是否应该收敛一下？再不要打着“爱”的旗号，以“爱”名义去“爱”孩子了。曾有一个孩子大声对媒体说：我知道父母爱我，但面对他们的爱我只想一死了之。

由于“三纲五常”的流毒尚在，由于对自己缺乏适当地定位，由于“面子”问题，当父母的经常拉不开脸面放不下架子，这些都可以原谅，孩子们都这么宽容了，父母何不顺势而为呢？

认识到孩子的宽容是父母的进步，证明父母的境界有了质的提升。认识到孩子的宽容对父母是一种有力地鞭策，让他们明白长江后浪推前浪，不进步则落后。

孩子们都宽容了，父母们还等什么？

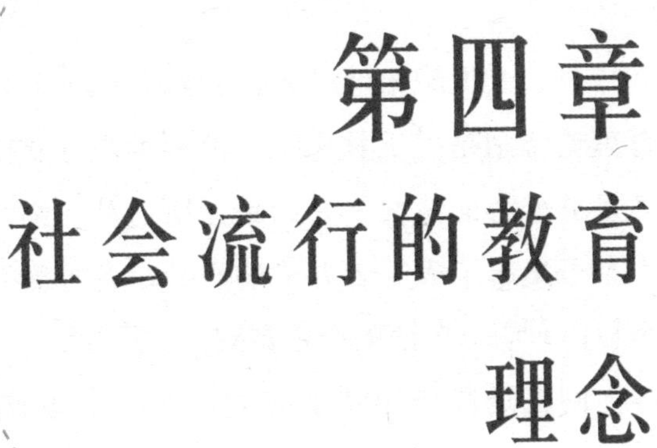

第四章 社会流行的教育理念

自二十世纪末叶开始，曾经荒芜的教育战线迎来了新生。各种教育理论特别是关于教育孩子的种种说法相继问世，中国的父母们在缺乏足够准备的情况下开始是无所适从，继而是跟风逐潮。每一面旗帜下都聚集起了成千上万的响应者，各种教育理论都不乏信徒，形成了今日向东明日向西的今古奇观。

回忆这段历史特别有趣。先是《歌德巴赫猜想》石破天惊，冲破了“白专道路”的樊笼，接着是恢复高考制度后令人振奋的场景，然后是以中科大少年班领衔的神童热，再后就是“千军万马过独木桥”，艺体加分，双语教学，《学习的革命》，凡此种种，不一而举，一直热闹到今天。

三十多年过去了，各种风潮表面上平息，但竞争的氛围却变本加厉。随着制度的开放，环境的优化，各门各派的教育理论好像都找到了相应的平台，都建构了自己的领地，都有了自己的信众。整体来看，中国的教育已踏上了回归理性的道路。特别是作为其中重要力量的中国父母们也已开始了理性地探寻。

中国父母的理性探寻是一个历史性的崛起，昭示了中华民族复兴的曙光即将升腾。但是，我们也清楚地知道这种探寻刚刚开始，任重道远。我们同时还应该知道至少在目前，许多父母还是盲目的。

本章选取幼教领域几个风靡中国的教育口号和方案进行一些实事求是的辨析。

第一节　从娃娃抓起

“教育要从娃娃抓起”，这原本是高瞻远瞩的战略号召，无可非议。但是，如果在教育目标和内容方面出现了片面的理解和实践，那结果就与号召的宗旨大相径庭了。

对“从娃娃抓起”的误读和曲解，导致了多少娃娃天真烂漫的童年变成了有年无童。

一、有“年”无“童”是中国儿童目前面临的普遍境况

由于教育评价体系的倾向十分明显，只能在应试教育上做足文章。教学内容的层层下放使今天的教材颇具难度。

大学教授辅导不了初中学生已不是稀罕事，许多小学低年级的题目足以让大人们费脑筋。仅仅这些就足够让娃娃们夜以继日了。何况这只是一部分，对某些家长来讲，完成学校的学业只是最基本的交代，重头戏还在后面：那就是上不完的校外辅导班，做不完的家庭作业。

每天14个小时以上的学习时间使得孩子们连基本的睡眠时间都不能保证，整天头昏脑涨地不清醒。在这样的状态下，潜能只会被神经的抑制性自我保护封存起来。教育界流行着这样一种愿望：希望所有的孩子在“最佳时间”都能得到充分的开发，于是家长们变本加厉恨不能在这个“最佳时间”里把人类的知识一股脑儿地塞进孩子们的大脑，使人人长大了都智力超常。

在这种潮流中，“从娃娃抓起”便像尚方宝剑一样高悬空中，使一切压向孩子们的负担有了冠冕堂皇的理由。

二、娃娃与大学生的倒挂

在最应“玩”的年龄却不幸沦为超负荷的机器，在最应努力的人生关键期（大学阶段）却又流行“六十分万岁”。几乎所有大一新生在第一学期都增加了不少体重，原因就是在高中阶段太苦，“像鸡一样早起，像狗一样晚睡，像猪一样吞咽书本”，严重地危及健康，造成了亚健康症状。到了大学，人生在此松了气，于是心宽体胖，体重便日渐提高了。从这种不应出现的怪现象可以折射出“从娃娃抓起”的影响。

这个问题不难明白。像世间万物需要平衡一样。娃娃们的成长也需要匀衡。

身心智情要全面得到发展，过分强调一方面都会令娃娃的全面成长失衡，因而造成难以弥补的终生缺憾。这方面的教训已经很多了，其危害也已显而易见。

三、“从娃娃抓起”需要正本清源

大体来讲，凡属于道德范畴的品德建设、行为规范、良好习惯（生活、学习、锻炼等）皆需要从娃娃抓起。而属于技能、知识范畴的则应根据娃娃们的成长阶段而定，不能过早抓。“抓”也不是只有一条途径，“抓”也要遵循教育规律和成长阶段。

四岁孩子弹钢琴，两岁孩子识三千字，六岁的孩子进了国家体操集训队，每天有八小时的训练。看到这样的消息，不禁令人心酸。这些娃娃们的家长或许感到欣慰，但这些娃娃们童年的欢笑在哪里？殊不知，童年是需要快乐的！

童年时期是人生大厦的奠基阶段，在这一阶段，娃娃们开始认识世界，充满好奇心，对任何新鲜事物都表现出浓烈的兴趣。同时由于这一阶段还处在人生的幼稚期，所以注意力不容易集中。

因此不管学什么东西都不能长时间灌输。要调动他们的兴趣，不要搞“铁杵磨成针”的疲劳战。

另外，处在人生的奠基期，要做的事情只能是奠基，而不是砌墙，更不是装修。要广泛调动他们的兴趣爱好，不要过早地给他们选定专业，过早地让孩子燃烧辉煌只会让他过早陨落。

由此可知，从娃娃抓起是抓全面厚实的基础，特别是人文教育范畴内的内容，而不是抓住一个专业让娃娃们咬定青山不放松。否则，从娃娃抓起的教育就不是栽培大树，而只是种植藤萝。

第二节　零岁方案

“从娃娃抓起”在全国搞得风生水起，形成了潮流，“零岁方案”应运而生。许多父母唯恐孩子落后，为了扩大竞争优势，争取更大的提前量，也为了争取更大的主动权，把教育孩子的起点提前到怀孕那一刻，达到了时间的极限。后来这个极限又被突破，提前到准备怀孕的青年男女。

不能不说这些方案都有其道理，特别是当方案是在科学的范畴中论证并列举出数据后，更使大部分家长皈依了这些学说，从怀孕时起便诚惶诚恐地按照方案一条一条地做，生怕对不起尚未成型的胎儿。

一、什么是“零岁方案”

“零岁方案”是“零至六岁优教工程及实施方案”的简称，被称为“一套完整的胎、婴、幼儿早期教育理论和方法”，“在儿童教育领域属国内领先水平”。方案明确提出要重新认识人类的胎婴幼阶段，在这一个阶段，他们有巨大的开发潜能。根据这个结论，方案提出了一整套理论和开发潜能的训练方法。

“零岁方案”在海内外推广十几年，取得了许多成果。如：

十二岁上大学，十五岁读硕士研究生的刘俊杰（湖南株洲）；

八岁进初中，十一岁上高中，十四岁考上大学的吕超（山西太原）；

全国奥林匹克数学得主朱焱（浙江舟山）；

八岁学会4国语言的吴燕（浙江杭州）；

十岁发表作品《中国少年文学家》的记者田晨（黑龙江哈尔

滨）；

七岁进初中，十四岁上大学的关小芳（新疆塔城）；

大量三四岁脱盲，五六岁即博览群书的小画家、小书迷、小记者、小作家、小书法家。

二、如何看待零岁方案

尽管“零岁方案”的宗旨被规定为人生早期的素质教育，目标是面向胎、婴、幼儿，培养健美、聪慧、性格品质优秀的创造性儿童，并在教育方式、方法等方面显示了自己的特色，但我们不能不遗憾地看到，在十几年实施该方案的小学生中，除了早慧儿和“神童”以外，极少有智力典型以外的例子，更不用提健美、性格品质优秀等因素，至于所谓“创造性儿童”，不过是一个良好的心愿。创造性不是那么容易形成的。幼儿阶段，儿童身上的创造与非创造不能一概而论。上述优秀的孩子可能同时也是健美、品格优秀的，但无一例外的是他们的光环仍是“神童”，并且被拘囿于一个领域——学习。不难想象一个七岁进初中的孩子，他七岁之前是怎样度过的，根据知识总量和时间的计算，神童们连笑的时间都不会太多。

人也像自然界一切生物一样，什么阶段干什么事这是进化的选择，是天道，而天道是不能违背的。该长身体时要长身体，该学习时就学习，到了法定年龄可以谈婚论嫁，耄耋老人不可能咿呀学语。这就是自然和社会赋予人类的“生物钟”，现在我们要和“生物钟”叫板，非要把智力开发和性格培养提前到娘胎里，这不能不叫人为难。

需要指出的是，“零岁方案”具有较强的操作性，只要据此办理，任何望子成龙的父母都可以得到某种满足。智力开发当然是天下父母瞩目的热点，但这种“唯智”潮流都常常会“一俊遮百丑”地把孩子们的天性遗落殆尽。社会自然不会拒绝史蒂芬·霍金和陈景润，但一个身体强健的霍金和一个事事通达的陈景润有什么不好呢？所以任何事情都要有一个度，“零岁方案”也应如此。

第三节　别让孩子输在起跑线上

“别让孩子输在起跑线上”是这几年特别流行的说法。家长们讲不出高深的理论，这个形象的比喻抓住了要害，使家长们的悬悬之心更加惶恐起来。这个口号是套在父母胸口的枷锁，使他们丝毫不敢怠慢，万一因为自己的原因让孩子“输在起跑线上”，父母将无法原谅自己对孩子的亏欠。在这样的心理下，就产生了种种的教育现象。这种说法也成为众多家长给孩子加重负担的堂皇理由。

一、不能让孩子输在起跑线之一——择校

择校的理由是校与校之间无论是硬件环境或软件环境都差别太大，教学质量和升学率也相距甚远。孩子一旦进了好学校一切就可以放心。如果进了差学校便一切都无指望了。幼儿园、小学都属于“起跑线”，一定不能输在这里。

城市中的幼儿园、小学差别正在逐渐缩小。统一的教材、统一的课程标准、大致相同的师资水平和教学进度，使各园、校呈齐头并进之势。在城市里最着急的人群一是进城务工者；二是户籍不在此地的异地创业者。由于各个城市都有自己的规矩，所以外来人口的子女上学并不容易。

乡村的择校问题更为严重。前几年各地为了整合教育资源，撤并了不少园、校。由于种种原因，好的和比较好的学校都集中在靠近城市的郊区或乡、镇政府所在地。这里所谓的好和比较好是指除了校舍条件之外，还包括由于交通、居住环境、生活等诸多因素使大部分水平高、教学效果好的教师也相对集中。这是毋庸回避的事实，这个事

实牵动着千千万万农村父母的心。为了让孩子上一个好学校，他们想尽了一切办法。大量学生拥向好的学校，使多所农村学校甚至招不齐学生、开不了班。

由于学校的客观条件摆在那里，择校已经成为社会问题。解决这个问题极不容易，因为我国目前的教育资源分配和教育投入都难以在短时间内有大的改观。但实事求是地讲，在孩子的幼儿园、小学阶段大可不必把学校因素看得那么重。事实证明，盲目择校不仅造成经济浪费，而且在孩子心目中容易因无归属感产生自卑，并不利于孩子的健康成长。至于智力开发的水平，则更取决于孩子自身。

二、不能让孩子输在起跑线之二——智力开发

除了择校以外，父母为了“别让孩子输在起跑线上”而逼孩子进行超前智力开发已经成了城市家庭中比较严重的问题。由于“高考指挥棒”、学生评价标准等原因，智力被推向了唯一的圣坛，家长担心正常的学校课业无法保证孩子在高考竞争中获胜，只好把孩子送往课余校外开辟的一个又一个的课堂，智力超前开发也就乘势而上。第二节讲到的早慧儿童和神童便是其中的“成果”。

三、“别让孩子输在起跑线”有效吗

由“别让孩子输在起跑线”引发的教育举措到底有没有成效呢？其实，只要把现行的幼教、基础教育、高等教育全过程走下来再回头细看，就不难发现婴、幼儿时期的超前智力开发到底有多少成效。再和国外的教育比较一下问题就更明朗化。

一直以来，有一种观念认为中国的基础教育是世界上最好的，例证之一就是在国际奥林匹克竞赛中我国中学生总是以压倒性的优势称雄。殊不知在世界上只有我们国家是有组织有领导地进行辅导、训练、模拟。虽然是少数名校参赛，但可以说是倾举国之力在参赛。而在其他国家（如美国），参加不参加国际奥赛完全是学生自己的事，如果要参赛，那么从报名开始一切自理，学校也可能对你提供便利，

但决不会派教师辅导、强化，更谈不上带队参赛。这样一比就不难理解就全世界的高中生来讲，中国基础教育到底能从这几枚奥赛奖牌中解读些什么。

已故数学家陈省身教授曾把中、美高中生做过全面比较。用“高素质国民”的标准衡量，中国孩子并不比美国孩子卓异，而且在身体素质、动手能力、自理能力、自立能力、社会意识、法制观念等方面中国孩子还存在差距。

按说一个神童辈出的国家再加上基础教育“最好”，那这个国家的大学生群体一定在世界上独领风骚。但对比中外大学生特别是中国与发达国家的大学生群体，就会发现中国大学生并无明显优势。除了学校条件因素之外，生源质量恐怕也是一个问题。

四、途中跑更显实力

起跑线固然重要，但途中跑更显实力，终点闯线才最后分出输赢。

人毕竟不是单纯的知识容器，智力开发只是其中的一方面。一个人的成才恐怕除了智商因素之外，情商及其他方面更显得重要。所以热衷于对孩子进行超前智力开发的家长应该关注人生全过程，不能只看“起跑线”了。把不适当的超前教育当成先进理念，这显然是忽视了孩子成长的一个重要内在规律：阶段性成熟。智力开发不能替代阶段性成熟。

第四节　知识决定命运

英国哲学家弗兰西斯·培根提出：知识就是力量。

李嘉诚先生感言：知识改变命运。

于是，有人创造格言：知识决定命运。

这个口号马上就产生了轰动效应，“知识决定命运”一夜之间仿佛成了世界公理，知识也就成了人生唯一的灵丹妙药。这个口号集中而又尖锐地解释了“唯智”教育的理念。这些年来有关教育的热点不管怎样变化，始终没有离开“知识”这个焦点。无论是家长还是老师，现在应该认真地面对现实，深入反思。

一、知识学不完

知识的总量有多少无法用数字量化。一个人一生假设能活一百岁，最多能掌握多少知识，也是一个未知数。但有一点可以肯定，即使用沧海一粟或九牛一毛来形容的话，仍然是人类的狂妄。试想一下，一个人有生之年读过的书，能比得过一座小型图书馆吗？更不用说一台一尺见方的电脑了。既然知识学不完，就应当有选择地学习知识，因为有的知识未必有用。

二、知识未必有用

很多知识对于某一个人来说很可能是毫无用处的。无论多么超级的天才也不能包打天下，掌握包罗万象的知识。一个人的一生只能做一件或几件事，把有关自己生存和发展的相关知识学好也就不枉一生了。

而且，知识是死的，离开人的活用，知识没有任何价值。而要达到活用知识的水平，光读书本是没用的。要读人生、社会这样的大“书”，缺少历练绝对不行。知识再多不能等于能力，悟性再好代替不了实践，这是人生的重要课题，不能以偏概全。

三、“知识决定命运”带来了什么

尽管政府早已发现了问题的严重，于几年前就提出加强素质教育，作为配套措施又具体制定了减轻学生负担的若干规定，但中国教育的现状已是欲罢不能。所以，负担越减越重，素质教育也随之流于虚化。

在北京街头，上学和放学时间随处都能看到拖着拉杆行李书包的学生，看那书包的体积，估摸一下重量，真是难为了正在发育成长的小学生。有位著名的医学专家说，七至十岁孩子的颈、腰椎负荷能力应在5公斤左右，但他们现在书包的重量一般超过了九点五公斤，这已经构成了一种摧残。这种现状如果不改变，基础教育就滑到了崩溃的临界线。

对于孩子的一生来说，体现综合素质的德、智、体、美、劳缺一不可，过分强调知识，甚至把知识抬高到决定命运的高度是一种片面的认识，会贻害孩子的一生。

“知识决定命运”是一股潮流，这股潮流在中国的泛滥有其必然的原因，它是社会对“读书无用论”的一股强大反弹。但既是反弹，总该有个分寸，不能不顾一切地跑向另一个极端。

四、回到素质教育（全面教育）的理性出路上来

世界上任何成功教育的方针、规律、内容、方法都是为教育对象而设的，脱离了教育对象的实际就会产生偏差。基础教育的对象是少年儿童，他们还处在长身体、长知识、长智慧、长能力的人生观初成阶段，我们的教育应该全面满足他们成长的需要，而不是偏饮偏食，置德、美、体、劳于不顾，只趴到书本上起不来。

大多数国家的基础教育对于孩子来说是快乐的、健康成长的、没

有多大压力的。而在高等教育阶段，学生的课业及其他负担则相对繁重。这顺应了孩子的成长规律，应该说是成功的。据说只有中国、日本、韩国等少数国家的青少年负担较重。但实地考察后发现，日韩等国的基础教育，都没有像我国这样成为全社会的心病。

五、中华民族优秀的全面教育传统

中华民族有重视教育的良好传统，中国古代的教育制度在总体上是非常成功的。孔子作为中国教育的奠基者和开山人，他的教育思想和实践对后世有重要的启迪。孔子主张素质教育，倡导“礼乐射御书数”六艺皆全，十分重视读书之外的学习和训练。他训诫学生：诵诗三百，授之以政，不达；使于八方，不能专对，虽多，亦奚以为？（《论语·子路》）因此，他的学生大多品学兼优、文武双全，堪称当时俊彦。孔子之后经过几代人的承续发展，儒学教育终于成为传承文明的主流方式。许多儒生也喊出了“一事不知，儒者之耻”的豪迈而自信的口号。“不为良相便为良医”成了许多儒生的生涯规划，这个规划的背后需要的是什么样的教育成效才能支撑啊！今天的教育难望其项背。举例来讲，“良医”就不容易当。很多人对中医有误会，认为中医不及西医科学、直接，殊不知中国的中医是有相当高水平和疗效的，即使被一般人诟病的中医外科也曾有过辉煌，更不用说中医的养生保健理念了。当今的医学界经常在疑难病症面前失语，例如“非典”和“艾滋”，但中医介入后都取得了良好的效果，足以证明中医有自己的系统，具有源于西方的生物医学不具有的优势。

历史经验证明，素质教育或曰全面教育，是理性教育的根本出路，也是唯一出路，不能光盯着孩子的智力开发做文章了。

第五节　成人中心与“龙凤情结”

本章前四节标题所述的观点无疑征服了万千家长。可怜天下父母心，为了孩子，家长们各显神通，把对这些理念的落实推到了无以复加的地步。这些观点带来的负面效应已经引起了许多人士的忧思。因为这些负面效应已经实实在在地发生在许多业已成人的青年身上。还是来看两件发生在学生和家长身上的事例：

> 一名福建籍的学生在山东青岛求学。生在南国的他不太适应北方的生活，一天晚上给父母打电话，表述思家之情后顺口说了一句：我很想吃妈妈做的云吞。父母一听顿觉心疼不止，老两口儿一夜未睡，第二天妈妈做好了云吞专门乘飞机给远在青岛的儿子送去。
>
> 家在番禺的孩子考上了广州的一所大学，因为嫌弃学校的饭菜难吃而大发牢骚，父母答应他由父亲在学校附近租一间房给他陪读，并且负责一日三餐做饭烧菜。谁知学校附近的房租太贵，家里负担不起，父亲决定不去陪读了，儿子听到这个消息，一气之下从七楼跳下身亡……

两则故事都没有下文，据说这两名大学生都是学业上出类拔萃的高才生。出类拔萃的高才生和荒唐的悲剧似乎是很难连在一起的，但偏偏就连在了一起，这折射出中国教育的严重缺失。

这些年，我们确实把教育摆在了优先发展的位置，父母们也为孩子付出了呕心沥血的代价，但为什么效果离目标差距仍然很大，甚至某些方面背道而驰呢？原因我们可以找出很多，其中教育理论的误导和教育理念的偏差不能不说是重要因素。

一、成人中心论

上述这些观念中，教育的主体都被偷偷地置换了。这些观念虽然也谈到了孩子们的成长阶段，论及了不同阶段有不同的特点，有科学的数据和论断，但前提基本上都很空洞。一涉及主题，即“怎么做”则完全按照成年人心目中的规则。换言之，上述理论都是成年人强加到孩子们头上的，外衣穿了不少，但本体却没有登场，并没有给孩子的教育铺就坦途，而是首先把征服的目标对准了家长，所谓早教理论实际上是家长的理论，孩子们的处境和感受早已不在顾及之列。

也许孩子们讲不出道理，但面对种种剥夺他们童年快乐天性的做法，孩子们是有反应的，有些甚至是非常激烈的反应。父母们完全可以从喜怒哀乐中读出孩子们的心情。不幸的是，大部分父母忽视了孩子的反应，小部分父母则采用了强制手段。

重压和溺爱的畸形造成许多孩子畸形性格。这些恶果的制造者正是父母，他们信仰的正是一大套以成人为中心的教育理论。

在成人中心的思维下，家长和社会过于超前地对孩子进行所谓的智力开发，无视儿童阶段性成熟的内在规律。结果这些早开的花朵由于“反季节”成长，往往承受不了社会的雨雪风霜，成了心理和生理双重羸弱的“豆芽人”，当他们成为成年人时，中国社会的主力群体还能撑起这片五千年的天地吗？

二、龙凤情结

在人类历史上，等级的产生是一种文明。不同的等级文明显示了不同的社会结构。处于领导地位的统治者们无一例外地把自己看成社会的精英。他们享受着文明的所有成果，占有大部分社会资源，其社会地位优越，令世人仰望。他们有自己的心灵世界和人格构成体系，以区别于普通人群。当然，这个精英王国出于对利益和长久的考虑，也会向普通人群铺展一条晋升之路，以化解由等级而产生的恩怨，并以此作为沟通的途径。这条似天梯一般的路便催生出了普通人群中的精英情结。科举制度就是一个经典的例子。

“书中自有黄金屋，书中自有颜如玉，书中自有千钟粟”。“一人得道鸡犬升天”“十年寒窗苦，一朝金榜名”“好风频借力，送我上青云”，这些引诱都深深烙进了中国人的内心，成了千百年的情结。甚至当等级压迫已土崩瓦解、人格分野已渐次平等的今天，这种精英情结还是拂之不去。

于是望子成龙，于是望女成凤。可以说，“龙凤情结”是缺乏理性的父母任由情感潮水泛滥的结果。“孩子看着自己的好”是事实，无可指责。但“看着好”和真正比较后的“好”是两回事，前者是一种亲情的渗透，是个人的评价；后者却是客观的较量，是社会化的认定。现在不少父母让亲情迷住了眼睛，或干脆不管三七二十一，硬把成龙成凤的使命强摁到自己子女的头上。这样一定位，问题便接踵而至了。所有前面讲述的种种弊端，其背后都有家长的“龙凤情结”在支撑。这种虚幻的梦想只有两个结果，一是摧残了孩子；二是嘲弄了自己。因为让所有的孩子都“成龙成凤”是不可能的。

既然不可能，就不要期望孩子龙飞凤舞，还是回到基础上来，做个高素质的国民不好是很好吗？

第五章
教子方略

教育者必先受教育。我们在第三章和第四章中用很大的篇幅来梳理、辨析一些理念和流行的观点，目的是让广大母亲首先形成正确的教子观念，树立正确的教子目标，这样才更容易接受正确的方法，使母亲教育和亲子教育收到实效。

任何好的教育都要有个起点，也都要有最初的入口，这个起点或入口就是良好教育的奠基。母亲教育正是力图为我国的教育体系提供一个入口，从这个入口进入，为整个国民教育，为其后的学校教育和社会教育奠定良好的个体基础。

第一节　为国家培养高素质国民

素质教育的目的是为国家培养高素质的国民。素质教育不应当只是学校教育体系的职责，而应当是全社会的职责，特别是对于父母，培养高素质的子女兼有家庭和国家的双重责任。

历史上伟大的母亲无不把对子女的教育与对国家的忠诚尽职联系在一起，不仅为家庭培养出承前启后的优秀儿女，更是为国家培养出有用之才。

一、高素质国民的标准

高素质的国民首先应该是一个健康的人，健康有四种含义，即躯体健康、心理健康、人际交往健康、道德品质健康。

其次是要有健全的知识结构。健全的知识结构具有接受新知识和化育新知识的功能。知识总量大小并不重要，重要的是要具备融会贯通和化育新知的能力，因为这体现了人的根本的进化价值：思维与创新。

技能和才艺是高素质国民应具备的第三种能力。在生存意义上，只有技能才是生存的基本条件之一，也就是说技能是人一生的饭碗。由于技能大部分属于“劳力者”的体力付出，在实施教育的过程中常常被忽视，结果导致受教育者每每为此付出巨大的代价，现行教育体制的软肋也在这里。

才艺是人生腾飞的翅膀，是生命中的阳光和彩旗，也是民族生机勃勃的标志，是民族精神的直观展示，所以在实施教育的过程中，才艺是重要的一课。

二、培养高素质国民的八字核心

高素质国民的培养并不是高不可攀的，在实施教育的整个过程中，它始终围绕着八个字进行：自理、自救、自立、自足。

这八个字分四个层阶铺成了一条人生的成长之路。

自理最初是一种能力，后来便融进人的一生成为习惯。这种习惯要从小培养，从细微处做起。最初是“跌倒了自己爬起来”，后来是“自己的事情自己做”，直至承担和胜任长大后的一系列人生重大课题。

自救是一种生理本能和行动的能力。生理本能人人天生具备，但行动能力却是后天学成，奔跑、跳跃、投掷、游泳、格斗、交通规则、消防常识等，无不具有自救的功能，这些能力的教育常常在紧要关头发挥重要作用。

自主是心理状态，是心智水平和体能的综合，是生存和发展的能力，也是人走向独立人格和成熟的标志。

自足是一种主观色彩很浓的心态。它的作用非同寻常，但却往往被忽视。自足心态是一切卑劣贪欲的防火墙，是人生幸福的催化剂，是一个人产生健康向上动力的发生器。自足是体验人的一生幸福与否无比重要的砝码。

自理、自救、自立、自足应该成为每个人的座右铭，这平平常常的八个字胜过许多华丽的辞藻和宣言。在对下一代的培养方面，我们应该有一个坚定不移的信念，即先成人才能成才。因此，不管什么情况下对人的自身素质的培养和教育都应该是第一位的。

第二节　健康是人生的基石

第一节提到健康有四种含义，即躯体健康、心理健康、人际交往健康、道德品质健康。本节主要讲述的是孩子的身体健康。

对父母来说，没有什么比孩子的身体健康更重要；对于国家来说，也没有什么比国民的健康更重要。因此作为母亲，要坚定地把健康放在母亲教育的首位，这是任何情况下都不能动摇的。

一、强国的起点是强体

在生产力落后的古代，人的生存需要健康的体魄。所以，世界各个民族无不把健康放在第一，健康教育和健身运动在许多国家是国民终生的爱好或事业。北欧和日本是在这方面领先的国家和地区，它们的国民也以强健的体魄和耐力而著称于世。

我们国家自封建社会中期便开始实行重文轻武、以文制武的政策，这固然与当时最高统治者从自己的利益出发而防止“以武犯禁”、巩固政权有关，但这种国策的流弊却害苦了中华民族。中华民族屡屡被列强欺侮的重要原因之一，就是因为我国的国民体质较差，民族精神的相对萎靡。否则无法解释只有两万人的八国联军在貌合神离的状态下竟然从海上登陆一直攻到北京，偌大的战略纵深竟没有消耗侵略者的兵力和战斗力。这些屈辱的带来的教训太深刻了。无论是对一个民族还是对一个人，强国梦的起点首先是强体。

二、健康——如何应对散场效应

母亲教育中健康内容的边缘化令人无奈，究其原因主要是受文化课“散场效应”的冲击所致。课业负担摆在那里，家庭作业压在那里，各种辅导班在引诱着，学校还在推波助澜。在这种情况下，健康教育和健身很难占据重要位置。

在这里存在着一个误区，即“散场效应”造成的恐慌心理。严格地说，小学阶段的低年级是形成学习规范和养成习惯的年龄段。在整个小学阶段，过早地进行某种教育只能挤占孩子的活动时间，影响孩子的身心发育，使孩子在成长过程中出现本末倒置：该玩的时候没玩，到该学习的时候身体已不堪重负。

一个非常明显的佐证摆在我们面前，所有发达国家的基础教育模式都与我国不同，但我们国家的教育质量并不占上风。前面提到的已故著名数学大师陈省身先生对中美两国学生中做过的全面对比就是例子，中国的学生到高中毕业时已没什么优势，更不用说大学阶段了。

事实证明，以牺牲健康为代价而换来的光环——神童也好，奥林匹克比赛金奖也好，都成了用来炫耀和自我安慰的工具，除此以外还有什么意义？

对于孩子的智力开发，当然不能置之不理，但决不能随波逐流。那么怎么应对文化知识的“散场效应”呢？这里最好的办法是根据孩子不同年龄段的心智发育水平来设定一条底线。这条底线是相应年龄段的孩子应该达到的智力水平。只要达到底线就可以了，不要再提出过高的要求。各幼儿教育机构和基础教育都有国家颁布的教育大纲。大纲之外的内容大多是各自为政加上去的，完全可以抛开。

三、在游戏中健康起来

明智的母亲应对孩子的一生的健康体魄负责，要下定决心全力以赴地关注孩子的健康。为了更有效地促进孩子的身心发育，在实施健康第一的方案时要谨防走老路，即用抓文化学习的方法来逼孩子。孩子正处在发育期，注意力、耐受力都有限，因此，千万不能搞疲劳战术，不能搞超负荷运动。最有效的办法是从游戏入手。

科学证明，婴儿从降生那一刻起，就开始了对世界的感知，其感知器官就具备了交流的功能，也就是具备了游戏的条件。这时的游戏虽然极其简单，例如引他一笑，让他抓抓母亲的手指，看一看明亮的窗子，但这样的游戏是伴随着他感知外界的脚步一起进行的，既满足了婴儿的好奇心和求知的本能，又锻炼了相应的器官，是一个多赢的良好开端。

随着孩子不断长大，游戏可以不断升级。这时要注意一种倾向，即在不断升级的游戏中注重增加智力成分而忽视体能开发。我们要做的正好相反，即一定要在游戏不断升级的过程中加大加强体能的比重，最后完成由游戏到体育的转换。

孩子刚刚会走之后就可以做一些体能游戏，如追逐、提拿、模仿跳跃等。随着游戏升级，体育运动的因素不断增加，器械也在增加。这样等孩子到六岁上学时，基本的跳、跑、投掷、球类、自行车、游泳、轮滑都达到了一定的水准。重要的是孩子会在不断地游戏中形成锻炼健身的习惯，由此奠定一生健康的基础。

人生的各个阶段都有不同的重点，唯一不变的就是健康第一。二十世纪五十年代清华大学曾提出一个口号：为祖国健康工作五十年。在当时全国人口寿命平均不到60岁的情况下，这个口号是振奋人心的，因为口号摆正了健康、学习、报国之间的辩证关系，体现了新中国年轻学子的豪迈心境和追求。

社会发展到今天，各方面条件与20世纪都不可同日而语。在如此优裕的环境中，我们下一代的健康问题却被挤到了尴尬的地位，实在令人深思。

第三节　道德是人生的根本

纵观中华民族的历史，自有文字记载以来，无不把道德教育放在首位。《弟子规》开宗明义，“弟子规，圣人训，首孝悌，次谨信，泛爱众，而亲仁，有余力，则学文”，这是启蒙第一篇。在此后的教育序列中，道德至上的理论贯穿始终，道德教育的内容充斥了所有的教材，从童稚到皓首，从伟男到裙衩，所有的经史子集典章文献以至诰示尺牍等无不在宣传道德至上。古代的教育观和育人观由此可见一斑。

一、当今道德教育问题

二十世纪之前，我国的道德观念和道德教育体系较为稳定，道德传统沿袭数千年，成为千古良风。进入二十世纪，我国的教育事业受社会变革的冲击和影响，教育理念和教育体系摇摆不定，各种改革尝试频繁。

二十世纪五十年代以来，我国的教育体系逐渐形成了“德智体美”全面发展的教育方针，但改革开放以来教育又处于不断转型中，直至今天仍没有找到一个最佳的模式和体系。教育大起大落式的变革在很大程度上冲击了教育质量，受冲击最大的是我们的道德教育体系。

虽然我们也把德育教放在足够重视的地位，教育界和学校及有关部门也从未放松道德教育，但由于正在推行的德育体系本身的缺陷，造成了其在实施中的操作性差、实效性差，因此得不到预期的效果。目前学生的道德水准、精神面貌证明了我国道德教育离成功尚有较远距离。

现在我们实施的教育不是真正的素质教育，而是一直摇摆于政治第一与智育第一之间的教育。这在某种程度上构成了对道德教育的漠视和冲击。特别是在举国上下都以经济建设为核心的大形势下，分数第一的应试机制更加牢固地强化了智育第一的社会认同。“知识决定命运”“知识唯上”像潮水一样把家长和孩子们淹没。道德教育的边缘化造成了几代青少年道德教育的缺失。

二、孝、正启蒙的道德教育

德育是素质教育体系中一个重要的部分，分层次由低到高循序渐进，现行的教育体系只把德育描绘成美丽的空中楼阁，并没有给出通往楼阁的道路和起点。因此，在大部分家庭中，母亲教育有关道德内容的启蒙便很难破题。在这种情况下，只能笼统地给孩子灌输一些道理或规则，其效果很难保证。

我们站在前人的肩膀上提出孝、正启蒙的道德教育观。

（一）孝启道德

如果说我国传统教育体系的道德教育是比较成功的，那么以孝道作为德育的起点和突破口，就是一个最好的开端。孝道教育是一切道德教育的出发点，孝道教育搞好了，后面的教育才会顺利进行。

关于孝道的具体内容和做法，古今有许多不同。我们并不主张全面复古，但原理不会变，原则不会变，信念当然也不会变。道理很简单，一个连父母都不爱的人，还能指望他有多高的道德水准呢？

在日常生活中，在孩子的成长环境中，孝是充满了具体内容和体现在具体事物中的。无论是父母还是其他长辈，都不难从身边日常的小事中向下一代渗透孝道教育。对于孝道的宣扬应该是理直气壮的，因为这是所有人面临的首要选择。孝道决不是封建主义的糟粕，而是传统美德中的精华。

对孝道教育应该设一个底线，这个底线就是要养成孩子对待长辈的敬畏之心、感恩之情和祝福之愿。对孩子进行孝道教育要始终把握好分寸，要分清金钱、物质、精神、行为、诚心之间的辩证关系。要强调心里向善，不看重金钱物欲，要崇尚灵魂慰藉，切忌无休止索取。不能让恶俗不断玷污了神圣的孝道。

对孩子进行孝道教育时，做父母者还要把握好自己的价值取向，不要以一些迂腐观念来要求孩子，否则就会违背时代精神，与我们的教育目标背道而驰。

孝道教育伴随着教育启蒙，通常是在家里完成的。但孩子终究要走向社会，因此仅有孝道教育是不够的。

（二）正明道德

在走向社会时，还要对孩子进行“正”的教育。从性质上讲，孝是家庭的、伦理的，而正则是社会的、公德的。从养成特点讲，孝是定向的、以人为对象的教育，是以教育功效合理外推以惠及他人的教育；而正则是普泛的对事物的评判教育，是以事推及人的教育。正义在心，正派做人，正气入世。孝成就了受教者的仁爱情怀，正成就了受教者的是非之心。一内一外，初塑了道德的雏形。“正明道德”即“正心明德”之义。

“正”的外延是正义、正气和公正。

正义。从最简单的事理出发，教会孩子判断好坏、是非、倡禁。这些判断日积月累，在孩子的心目中就会形成规则，孩子就会依据这些规则对发生在社会上特别是与已有关的事件中，逐渐学会明晰地判断，而这些判断的背后是人类的良心、社会的正义，是道德、法律的准绳。

正气。由众多正义判断而融会而成的凛然气节在一个人言行中的自然表现。正气是个人在公众中树立形象的道德空间和人格支撑，同时是一种自信的勇敢。

公正。公正是把正义、正气落实到对待事物评判中的一种态度和尺度。之所以产生特定的态度和尺度，其依据正是长期坚持的正义、正气。除此之外，公正在实施的过程中还需要智慧的谋定，并依赖强大的自信。

总而言之，“正”是孩子走向社会，迈出人生步伐的圭臬。它和孝一起，为人一生的起飞提供了道德双翼。孝和正，在人类道德宝库中不属于最高的层次，它们是基石，不管多么高尚的品行和情操，都能从孝正中找到渊源。

人之初，孝、正就是最可行的道德启蒙。

第四节　幸福是人生的权利

幸福是人生全元的和谐，是伴随一生的体验，是永远向上的追求，幸福感与金钱多寡、地位高低、境遇顺逆无关。

一、幸福是一种文化生态

幸福是一种人对于自身的权利。父母、子女人人都有权追求、体验和拥有。对于个人来说，幸福与否是其生命质量的标志。但幸福并不是一个静止的终极结果，而是伴随着人一生对既定目标追求过程的体验，更确切地说，幸福是一种文化生态。

既然幸福是一种文化生态，就必然有客观的条件和主观的心理投射。这就形成了不同时期的不同客观标准，形成了不同人的不同幸福观。对于战争频繁、颠沛流离的古人来说，天下太平就是幸福。对于终于分到了土地的农民来说，三十亩地一头牛老婆孩子热炕头就是幸福。幸福在颜回那儿，一箪食一瓢饮足矣。对于今日的社会来说，和谐就是幸福。但幸福在今天的许多人眼里，永远没有满足。

二、幸福感的历史社会功用

幸福作为一种文化生态，在过去几千年里形成了相对稳定的价值观。那时的社会发展虽然远远比不上今日，但那时的人并不缺乏幸福感。尽管被鲁迅先生蔑称为“做稳了奴隶的时代”，但那是一种先驱者的政治俯视，对于普通百姓来说，并不都认为自己活在水深火热中。汉唐气象就不用说了，北宋的富足、康雍乾的壮盛也被后人称道，至于连孔夫子都顶礼膜拜的周公之治则更加令人神往，遥想周时天下，一派人寿年丰，天人和谐的图景。即便后来分崩离析成战国时代，也还有临淄之民七万户，无不吹笙、鼓竽，联袂成荫挥汗如雨的繁荣。

上述史书记载的盛世景象和二十世纪五十年代后中华民族普泛的乐观情绪并不都是“愚民”的快乐，而是投射出一种深谙人生的价值观念。正是由于这种观念深植人心，大多数人才将现实的拥有和对理想的追求结合起来，产生了幸福的感觉，这种感觉又焕发成工作、生活的激情，变成了对社会的贡献。这是一种良性的循环，是一种比较和谐的文化生态和社会生态。

三、提出幸福教育的时代背景

现在的情况发生了变化。一方面是经济的发展、生活水平的提高、政治的昌明；另一方面则是道德的滑坡，公德的下降，逆反情绪的滋长。一句话，人们的幸福感在直线下降。有些部门或媒体开始在幸福指数上做文章，尽管所谓的幸福指数是语焉不详的附会——因为幸福是很难量化的，但这反映出的社会问题却不容置疑。时代把这个巨大的悖论摆在我们面前。

报载，英国的许多小学现在都开设了一门名为幸福教育的课程，目的是解决在小学生中普遍存在的一种心理现象：物质生活越优裕人就越缺乏幸福感。这种现象也正在我们国家蔓延，看来幸福教育决不仅仅是母亲和孩子的事。

正是在这个时代背景和社会背景下，我们提出了幸福教育。

四、幸福教育的重大时代意义

幸福成为一种教育，是亘古未有的。但是在今天，幸福教育对于民族来说意义重大。一个毫无幸福感的家庭及其成员，是对社会的自我放逐，是精神上的流浪汉。幸福教育正是要通过价值观的早期渗透和生活细节的熏染，使孩子们获得在当今社会生活的幸福感受，并以此充满对社会、民族、国家的热爱。

对母亲教育来说，一个充溢着幸福感的母亲对子女的耳濡目染是子女身心健康的空气、水分和阳光，一个充溢着幸福感的家庭对社会自然会生出一种依属感和责任心，成为社会进步的良好因子。充满幸福感的个人和家庭，会成为社会和谐的细胞，充满进取和活力，人生态度和精神面貌积极健康。

五、幸福教育的实施

幸福教育的根本在于价值观的培养和形成。中华民族传统文化中的价值理念是义利统一，和为贵。和是形而上的“道”，而义利统一却贯穿在日常生活中，这就给出了我们实施幸福教育的题目。

因为人性中具有天然地实现本能的私欲，因此从孩子刚懂事起就经常面临着利益的归属之争。在生活资源并不匮乏的今天，应该从小就培养孩子对物欲的淡寡之心和对别人的礼让之仪。别小看“孔融让梨”这样的细琐之事，小时候表现为一种姿态，长大后就是一种境界。具备这种境界的人不会因失去了大梨而委屈，反而会因为自己的抉择而产生心理上的满足感，这种自足便常常是幸福感的发酵剂。

除了类似有目的的引导，还有一个应当引起重视的问题就是——从日常小事做起，随时注意抑制孩子的物欲。例如，随意花钱，见什么要什么，如果不能获得满足就撒泼哭闹，以此来和长辈斗争以求得逞。事实证明这些极端的倾向都是与小时候无原则、无休止地满足孩子的欲望有关系的。有的教育家针对这种现象提出了“再富也要穷孩子”的口号，其中有深刻寓意。不是要人为地故意降低孩子的生活标准以折磨他，而是有分寸地在满足生长发育和学习的基本条件之外，严格控制奢靡欲望的萌芽。

父母要在利益和道义面前给孩子做出榜样，要以实例给孩子讲解正确的劳动观念、取财有道观念、平常心观念。要破除孩子不劳而获的观念、侥幸观念、自我中心观念。

随着孩子年龄稍长，父母在帮助孩子建立法律观念的同时，要努力给出一些心理的辅导，以不断充实和完善孩子的自足心理，当孩子的自足心理圆融成一个完备的系统之后，一种绵延不断的幸福感便充溢了他的世界。那时孩子便真正成为一个幸福的人。

六、幸福教育不是什么

幸福教育是正面健康的教育，不应与下面的一些观念混为一谈。

（一）幸福教育不是宣扬越穷越光荣

在阶级斗争的年代里，穷是一种身份的标记，这标记又和无产阶级连在一起，因此穷在那时被赋予一种身份，是一种光荣。尽管这在那时可以理解，但也确实是一种误读。现在形势不一样了，拥有财富可以理直气壮地抬起头，财富也经常成为能力和机遇的象征。财富是光荣的，但获取财富的途径却千差万别，这些差别往往反映了获取者道德的高下、手段的贵卑，因而财富对不同的人，其心理投射结果是不一样的。我们进行幸福教育一点儿也不排斥财富，我们并不认为越穷越光荣。只是我们全力关注的是获取财富的途径以及拥有财富后的心态，进而关注对财富的支配。途径、心态和支配三步曲最能够考量出当事人的灵魂。当然，不同的灵魂会对幸福做出不同的解答。

（二）幸福教育不是安贫乐道

我们的努力和追求都是为了摘掉贫困这顶帽子。我们主张安富乐道。但富和贫都是相对而言，无法拿出一个固定标准，因此安富乐道和安贫乐道在这里是同一个意义。

（三）幸福教育不是不思进取

幸福教育并不是教人安于现状。幸福教育因为有理想召唤，所以充满了进取前行的信心，在追求理想的每一步奋斗中，都有幸福相伴。幸福，对个人来讲是一种心态，对社会来讲是一种生态。这种心态、生态都是生生不息锐意进取的，决不是故步自封。

（四）幸福教育不需要忆苦思甜

忆苦思甜曾经是一种成功的思想工作教育范式。因为是身边人的经历，所以容易调动一个人的感情从而激发一种觉悟，坚定一种信念，鼓舞一种斗志。而今我们实施幸福教育的目的不在这里。我们着眼于培养一种心态、一种体验，从而形成一种气度和境界，因而不需要声泪俱下的感召。幸福教育甚至不用长篇大论地说教，而只需要在事与理面前毫不犹豫地标明自己的心理指向，在义与利面前毫不犹豫地抛弃任何的苟且。此时无声胜有声，这是无可比拟的教育，不需要借鉴任何别的技巧。

忆苦思甜是许多家长惯用的手法，如果运用得当，或许能达到某种目的。但需要指出的是，在幸福教育中一般并不需要采取这种方式，因为事情没有可比性，勉强使用可能只会产生滑稽的结果。

幸福教育是一个崭新的课题，在具体实施过程中可能会遇到不少问题。再则家庭幸福教育如何与学校教育衔接也将会导致内容、教法的调整。但无论如何，幸福教育势在必行，它不仅是形势发展的需要，更是每一个人的权利。

第五节　学习是人终生的主题

广义地说,学习乃是人的第二生命，是人终其一生的主题。具体地说，学习乃是人生起步阶段的主要任务，注定也是母亲教育的重要主题。我们强调健康第一、道德至上，但丝毫没有轻视智力的开发。德智体是人生的三个支点，依靠这三点的支撑，人的生命质量才能得到不断提升。

一、学习对人生的意义

学习是终生的主题，不仅少时要学，壮时也要学，甚至“活到老，学到老”也是人生的题中之义。学习的目的只有一个，就是帮助人实现人生的价值。人生的价值有许多，但最根本的价值就在于继往开来，这是在人类进化大背景下的终极定位。继往是一个综合概念，包括积累、辨析、扬弃和化育，可以说学习的低、中端功能都是用来继往的。而开来是更高层次上的创新和弘扬。继往开来体现人了人生的根本价值，实现这个根本价值的最重要的途径就是学习。

明白了这一点，就不会在人生要素的分配上做出本末倒置的事情了。也就是说，在正确目标的指引下，学习将成为人生的享受，它使人生更充实更健康，而不是成为人生苦不堪言、使人生充满了挣扎和畸形的负担。

人生的青、少、儿、幼阶段是开发智力的黄金时期，因此学习成为这一阶段的主题丝毫不奇怪。由于母亲是孩子最初且任期最长的老师，所以学习是母亲教育的主要内容之一。

二、调整心态，应对散场效应

明晰了学习对人生的重要意义还不够，因为实现意义的道路有很多。我们在前面几章中已经辨析了不少貌似精辟、实则误导的理论和做法。这些理念实际上都是对“散场效应”的附和与不当强化。我们需要找到正确的方法论和具体的操作方法，使之既有利于孩子的智力开发，又不妨碍健康第一和道德至上的理念。

在为孩子的健康焦躁和道德担忧的同时，不少人不约而同地把矛头直指应试教育机制和教育制度本身，这很有其必然性，因为中国的教育体制和实施过程确实存在着弊端，需要大的调整和完善。但在目前的国力和教育资源条件下，还找不出比现行教育制度和考试机制更好的方案。在这种情况下，我们不能怨天尤人，更不能逆潮流而动，应该审时度势，顺应潮流，在“散场效应”中找出应对良策。

首先应当接受现实，接受现状，承认教育体制和应试教育。不能因其中存在着不合理因素就采取敌视、不承认态度，不要在体制问题上搞自我放逐。接受以后就要大胆地切入散场效应，即和众人一起进入学习的主流大潮。这样的切入也是孩子对社会最初的适应，在某种程度上是人生的第一课。

三、应对散场效应的方法

大部分母亲都能做到接受散场效应，并带领孩子进入学习的大潮中，问题是在“接受”和“进入”之后，家庭产生了大量由学习而引发的矛盾和对峙。在这里，我们向年轻的母亲们推荐几种行之有效的方法，帮助解决接受和切入之后的“家庭战争”难题。

（一）变“逼”为“导”

所谓逼就是家长采用强硬手段逼迫孩子钻进文山题海，通过超负荷运转和长时间疲劳战术达到提高学习成绩的目的。现在的普遍情况是学校与家长结成统一战线，把孩子当成学习的“敌人”，用种种措施迫使学生就范。在学校由老师施压，回到家由父母强迫并监督，节假日则是一个接一个的补习班。这种高压氛围对孩子来说不啻为一种折磨，近几年在教育孩子问题上出现的种种偏差，往往是“逼”出来的恶果。

既然“逼”不是良策，那只能采取“导”。“导学”是一个新概念。顾名思义，导学就是家长变逼为导，在孩子面临的学习任务面前，家长应充当引导的角色，在立场上要和孩子站在一起，在目的上要和孩子取得一致，在遇到学习疑难问题时充当解惑答疑的老师。

要当好导学，家长必须事先把孩子近期所学的内容弄懂弄通，并对孩子学习用的课本做到总体上有把握。这样才能在孩子感到学习压力、碰到问题时发挥“导学”的作用。导学不仅要解惑释疑，更重要的是要充当孩子的心理辅导员。家长在任何情况下都要帮助孩子减轻压力以保持良好的心态，而不是动辄施压让孩子背上思想包袱。做好导学还要与孩子“同甘共苦”，共同攻克难关，共同分享快乐，在感情上与孩子始终保持亲密无间。

导学是一个漫长而艰辛的过程，不是一天两天就能见到成效的，一般来讲，在孩子整个小学阶段都需要“导学”保驾护航。

（二）变“知识轰炸”为“细水长流”。

这是合格的导学在时间上的科学分配法。根据这个科学的时间分配法，孩子的学习总量并没有减少，但因为均衡使用时间，所以并没有影响孩子休闲、游戏、锻炼和做家务等时间，不会有一曝十寒的负作用。

根据测算，一年中学生在校时间大约在一百八十天左右，大约占全年时间的一半。因此，充分利用剩下的一半时间就显得尤为重要。有一种观点是：拼命学，拼命玩。在这种观念的误导下，不少家长在假期中安排孩子全面放松，纵情山水，条件好的漂洋过海远赴国外，条件稍差的则游遍大江南北。再有的家长投亲托友，把孩子送进农村或城市，名曰进行彻底放松。一直熬到开学前才回来。导致孩子在很长时间内恢复不了学习状态，造成一步赶不上步步赶不上的被动局面。这些做法还容易导致的另一个副作用是彻底打破了孩子的生活休息规律，对孩子的身心健康和习惯养成都极为不利。

无论是双休日还是节假日，孩子都不应该放松。家长应该为孩子制定学习规划和活动时间表，这样既能延续孩子长期学校生活形成的作息规律，又保证学习休息锻炼都不耽误。

制定假日时间表，内容一定要充实，要保证温故和知新的合适比率。比较科学可行的安排是假期前三分之一的时间以复习为主，学习新知识为辅。假期后三分之二时间，在重要内容上要以预习为主，在技能或体能锻炼上以学习与巩固并重。

特别要强调的是，在文化课学习方面的预习是非常重要的。预习一般在家长引导下进行，预习不求精到，让孩子大体了解即可，也不妨让孩子做一些题目，但用不着全做。这样预习的好处是既能在开学后减轻孩子学习的压力，又不会让他们完全失去了兴趣。在通常情况下，预习会让孩子在新学期中学习成绩提高一个等级，所以，千万不可轻视预习。

由于合理地安排了时间，又充实地加进了内容，孩子以往“拼命学拼命玩”带来的压力就被分散了。把在校期间的知识轰炸变为全年的细水长流，事实证明这是化解压力、分流“散场效应”的有效措施。

（三）变“满河撒网”为“重点抓鱼”

这关系到孩子成长的个性化生涯规划。鉴于目前我国的教育现状，学校教育还只能提供共性教育，除了必修课程之外，学校给出的专长教育资源不一定适合所有的孩子。而事实上也没有哪一个孩子能全部吞下这些课程，这就需要针对每一个孩子的具体情况和潜力，对课程进行选择，并确定主攻方向，避免分散火力和多才歧路。

在这里，“满河撒网”是指全面的素质教育和训练，这是不能缺失的，德智体都要兼顾，并且都要达到底线教育的标准，这样才能保证孩子有坚实的基础和多元的发展方向。而“重点抓鱼”是根据孩子的具体情况，明确他将来的发展方向，在此基础上进行的课外辅加课程。在这里要强调确定课程的根据是孩子的具体条件而不是家长的爱好。有些家长因为自己有爱好或年轻时的愿望没实现，就把这夙愿安到孩子身上补偿，这是大错特错的。

对孩子制定个性化生涯规划，需照顾到孩子的意愿和潜质。在大学阶段之前大部分孩子还不能明确地认定自己的志向，这需要父母和他一起沟通一起确定，至于孩子的潜质则应通过量化或模糊化的鉴定才能确定。重点确定了，就不要把孩子的休息时间都挤占来上辅导班补习班了。要有选择地报一至两个即可。如果条件不具备，宁可一个班也不报。

（四）循序渐进

培养孩子是一个系统工程，这个工程的浩大足以让父母的心血耗尽。这样浩大而漫长的工期要有足够的恒心和耐心来支撑，要紧紧把握循序渐进的原则，丝毫不能有一点儿侥幸。

除了要有恒心耐心之外，还需要家长循序渐进地对学前、小学、中学、大学不同阶段设立不同的评价标准。这些标准是排除了成绩和排名而看重趋向的标准。只要孩子发展的趋势指向是好的，就不要在成绩和排名上计较。

要在思想和行动上认同循序渐进并不容易，因为它既是原则、规律，也是对家长心态的考验。

以上推荐的四个方法体现了教育和学习规律，但有些做法也是为了应对潮流而采取的权宜之计，所以有勉强的因素在里面，这是不得已而为之，因为作为普通的教育工作者和家长，我们一不能改变教育体制；二不能等到教育体制改好了再教育孩子。所以在目前情况下，重要的课题不是抓不抓学习，而是怎样抓。

第六节　习惯是人终生的大事

有位教育家说：教育就是培养习惯。这句话很有道理。面对人生我们也可以这样说：人生就是习惯。

一、人生与习惯

把某种刻意追求的行为范式大量重复，直到把它深深嵌入“潜意识”，这便成了习惯。习惯的雏形是散落在人生各个角落、呈游离状态的行为、语言、思想。这些散落的雏形一旦被培养成习惯，便具备了强大的惯性，足以影响人的一切。从某种意义上说，人生早期的成长也就是把散落在各个角落的行为、语言、思想雏形经过培养使之成为习惯的过程。习惯一旦形成，便以“自然”的状态储存和呈现，每每在不经意间表现出来，化成了主体的一部分。不管什么人，只要他的习惯成了“自然”，就融进了素质。在这个意义上，习惯塑成了性格，性格又决定着命运，成就了命运的常态，习惯与命运的链接构成了人生的因果。由此可见早期的习惯养成对于人生有何其重要的意义。人的一生既然脱不开习惯，那么习惯的养成理所当然地成为了母亲教育的主要内容。

对于一个人来讲，习惯可分为两类：即生涯习惯和生活习惯。

生涯习惯是指影响到人的命运和德行操守的习惯部分，它体现了主体的世界观、价值观、人生观。生涯习惯对主体性格的形成有决定性的作用，往往左右着主体对人生道路的选择和生涯规划的制定，是充满着道德评价和价值判断的人生定位。

生活习惯是指导作用于人的显性生活层面和隐性思维层面的习惯

部分。它通常展示主体的行动、方法、工具、思维等方面的惯性，属于方法论范畴的居多。卫生习惯、学习习惯、作息习惯、思维习惯等都属于这一类。生活习惯往往向外界披露主体的生活质量和规律，在某些程度上也是主体身份品位的显示。

二、习惯的特性

（一）不可遗传性

习惯是不能遗传的。虽然习惯在心理、生理诸方面都表现出强大的惯性，甚至能影响人的一生。但习惯没有传承，它不进入基因参与遗传，习惯全凭后天的养成。习惯的非遗传特点决定了人不能先天获得习惯。

（二）习得性

习惯的另一个显著特点是习得性。这个特性使人人都有养成某种习惯的可能，排除“血统论”的特点给人们提供了完全平等的养成机会，进而也成了一种评判主体努力程度的尺度。

（三）自然性

习惯最显性的特点就是它的自然性。因为已进入了下意识层面，所以一言一行近似于条件反射式的自然。这些根本不需经大脑思考的反射毫无保留地泄露了主体的内心世界。根据习惯，教育家或心理学家常常会找到打开心灵的钥匙。我们指出这一条途径的用意也很显然，是希望母亲们在帮助孩子养成习惯的同时，也随时注意从孩子已养成的习惯表现中捕捉那幼小心灵中的心理动态，以利于有的放矢地实施教育和帮助计划。

三、习惯养成的方法

养成习惯的途径和方法很多，我们只介绍三种：强化法、身教法、激励法。

（一）强化法

强化实际上就是反复的训练。事实证明，没有训练就不会形成习惯。

在培养一种习惯时，不需要有太多的讲述。因为当人们尚未进入角色时所有的规则都几乎没有印象，在这种情况下说教越多效果越差。最好的办法是直接进入训练，然后进行大量的反复，等到初步呈现出动力定型的时候，可以停下来纠正一些不正确的动作和不准确的位置，做几组分解动作以加深印象，再回到反复的训练中去，直到非常熟练方可稍歇。在随后的较长时期内还要反复地巩固，直到成为动力定型，成为习惯动作并进入下意识领域。

对技能性较强的习惯培养特别适合上述的强化训练。对生涯习惯的培养也可以参照以上的做法，即反复、大量、不停止，直到形成习惯思维方可罢手。

强化训练对大事小事都无一例外。大到某种价值观念的树立，小到穿鞋穿袜子这样的日常琐事，都要不厌其烦地训练。这样训练的结果往往会使人受益终生。

（二）身教法

古人在实施教育过程中推崇言传身教，我们在家庭教育领域内强调身教应重于言传。因为现在几乎所有的父母都容易陷入言传的泥淖，以至于孩子经常接受同样的唠叨而产生了免疫。许多孩子对家长的苦口婆心早已经充耳不闻。他们只暗中注视家长们的行动，来考查家长是否言行一致，然后根据考查结果制定自己的应对方略。

在这种情况下，语言教育的结果往往大打折扣。因此，只能提倡身教，因为身教是比语言更有力的肢体语言，而肢体语言的感染力要大大超过说教。

真正做到身教并不容易，因为它要求家长率先垂范。例如，教育孩子养成睡前刷牙的习惯，家长就要首先做到，如果家长每天都能与孩子一块儿刷牙或家长先刷了牙再启示孩子刷，孩子就会毫不犹豫地执行。因为“向师性”是所有孩子的天性，他在家长身上看到了无声的榜样，便不会产生任何逆反的言行。相反，如果家长尚做不到每晚刷牙，或者经常用时间太晚、今天太累等理由推托，孩子就会由此产生轻慢的心理，而只要轻慢心理一产生，习惯养成马上变质为一方的催促和另一方的不情愿。世间所有不情愿的事都很难培养成习惯。

身教对家长的要求是很高的。同样，身教的作用也是非常明显的，特别是在家庭中，身教具有独特的潜移默化地作用。

（三）激励法

激励法是孩子习惯养成中最有效的办法之一。运用激励法的路径一般是由兴趣入手，用激励维持。

在习惯养成的初始阶段，孩子往往对感兴趣的事学得最快。例如，自己洗手，因为得到了一个玩水的机会，一般孩子都会饶有兴趣。这就需要家长不失时机地加以表扬以构成激励。激励是新的兴趣点形成的动因之一，趁着兴趣还未减退而抓紧时间进行强化训练，再以训练的成绩进行新的激励，这样几个反复之后，习惯便得以养成。

激励要花样翻新，不要总是重复同样的话。类似“你真棒，真了不起”这样的言辞在开始可能有良好的激励作用，但接连几天重复下来就会失去作用，对于年龄稍大初谙世事的孩子更要多加注意，录音机似的使用一种说辞非但起不到正面作用，反而会引起反感甚至对立，因为他会认为大人们在哄他骗他，实际上他并没有那么棒、那么了不起。

激励的语言最好要具体，要就事论事，不要做综合的评价。因为综合的评价落不到实处，令孩子找不到兴奋点。而具体的夸奖容易让孩子获得成就感，成就感又会焕发出新的热情。

需要特别指出的是：激励具有心理的指向性。正向的激励类似表扬，而反向的激励则是貌似批评的更内在的激发。反向激励需要慎重实施，需要心理和沟通的技巧，但反向激励的巨大作用是显而易见的。特别是事关德才兼备养成这样的大是大非问题，以训诫形成激励往往能产生更好的效果。

好的孩子不是从不犯错误，而是知错而能改。不少人的成长经历中都少不了犯这样那样的错误，出现或左或右的偏差。面对这种情况，作为教育者的家长特别是母亲的训诫作用就显得特别重要。至于训诫的方式可以有许多选择，不一定非得严厉斥责。总之训诫是一种艺术，能让孩子在不知不觉中皈依正确的道路，这对父母和孩子都是幸运的。

四、两个特别重要的习惯

在这里有两个习惯我们要重点强调一下，那就是阅读习惯和劳动习惯。这两个习惯既是生涯习惯又是生活习惯，对孩子的一生具有重要的作用。这两个习惯需要从小培养，并且常常需要家长身体力行。如果在习惯养成的过程中因各种条件不具备而造成顾此失彼，那么宁可放弃其中的一部分，唯一不能放弃的就是终生阅读和终生劳动的习惯。

对于今天的孩子们来说，通过家庭和学校的教育训练，形成读书的习惯不会有多大的难度，因此本书不再赘述，相信母亲们在目前的教育状况下不会忽视。唯独让人担心的是劳动习惯，因为劳动观念淡漠、劳动兴趣缺失、劳动能力低下已经是目前普遍存在的社会病。

2006年春天东北某大城市做过一项大型调查，被调查的对象是小学、初中的在校生，调查题目是：长大后愿意干什么？题目后面列了许多选项供被调查者选择。调查完毕后对答卷进行了统计，最后的结果是令人吃惊的：仅有3%的学生表示愿意做普通劳动者。这项调查不是全国性的普查，但反映出的倾向肯定有很典型的代表性，这昭示了一个不好的发展趋势，而这种趋势目前正在全国蔓延。

拒绝劳动或不会劳动对一个人来说是非常危险的，等于失去了立身的根本。在很大程度上是劳动创造了人类，在个体的生存意义上也是劳动为生存提供了保障。现在我们的教育中缺失了劳动教育，很难想象我们的后代到底能不能养活自己。

小学生不会剥鸡蛋皮，愣是守着鸡蛋挨饿；中学生玩不转野外生存，仅仅十四个小时就被淘汰；大学生连自己的衣服也不会洗；某学校组织春游，连小学老师都分不清麦苗和青草。这样的事情在今天的中国已不算稀奇，而在许多外国教育中，孩子们的劳动、自理已成为共识和共能。连国外的教育家们都在担忧中国的孩子只会做题不会生活。可是反观国内，我们反倒没有这样的紧迫感或忧患意识。

好逸恶劳是会毁灭一个民族的。因此，全社会都应该拒绝懒惰。“足蒸暑土气，背灼炎天光。力尽不知热，但惜夏日长”，这是劳动者的艰辛。“锄禾日当午，汗滴禾下土。谁知盘中餐，粒粒皆辛苦”，这是语重心长的怜悯。“一粥一饭当思来处不易，半丝半缕恒念物力维艰”，这是智者的谆谆教导。

仅仅知道还不行，还要落实到孩子日常生活的每一项内容中去，母亲们要知道劳动对孩子的终生有着无可取代的益处。要下决心、下狠心、有恒心地对孩子实施劳动教育并付诸实践。一般来说，进入小学阶段的孩子每天一定要有固定的家务劳动，稍大一些之后就要承担家务的分工。要让孩子不仅明白劳动的伟大，而且明白劳动与自己的命运是连在一起的。劳动观念的建立和劳动能力的锻炼将成为他一生最重要的习惯。

习惯的种类林林总总，习惯养成是一项浩繁的工程。家长要以充分的耐心来从事这件事，不能一曝十寒，不能挂一漏万。要统筹安排，持之以恒，要把习惯的养成进行到底。

第七节　底线教育是国民素质的奠基

底线教育是借鉴国外成功教育经验，结合中国国情而提出的崭新的教育理念。底线教育和榜样教育并不冲突，它们分别是人生教育的开端和末端，没有孰优孰劣，只有可行与难行，特别是在目前这个价值多元的时代。

对于有强大榜样教育惯性的中国父母来讲，需要在认真领会的基础上，逐渐更新自己的观念，然后建立起一套适合底线教育的评价标准，用以实施对孩子的教育和沟通。

一、底线教育的提出

底线教育就是给出一个最低的界线，要求受教育者必须达到或超过这个限线，在这个限线以上，每个受教育者可以天高任鸟飞。

（一）欧美国家儿童教育的启示

在欧美国家，每一名少年儿童都被明确告知哪些法律、道德、社会公德是绝对不可以触犯和破坏的。而在底线（法律底线、道德底线和社会公德底线）之上，孩子们的行为、言论和思想受到宽容和保护。做父母的决不对孩子横加干涉，而是宽容地对待孩子们的一切，哪怕是恶作剧或明显的错误。因而孩子被赋予无限发展的个性空间。

可以想见欧美国家的孩子们在成长过程中获得了两个条件：一是底线以上的空间和时间；二是父母们的宽容和等待。在这样的心理维度空间中，欧美的孩子们是“任性”的，是“万类霜天竞自由”。他们会陷进迷惘或沉溺，也会出现阶段性的张狂或萎靡，但追溯起来，这都是成长中的烦恼，这些烦恼的结果除了折射成长过程中的曲折外，很少危及社会和他人。随着教育的跟进和心智的成熟，他们中的大部分会心安理得地根据个人条件走进社会的各个部门，从事自己胜任的工作。这些年轻人的人生目标不会离实际太远。

（二）中国的现实对照

反观中国的孩子们在成长过程中也获得了至少两个条件：一是没有任何明确底线的榜样教育，总有数不完的榜样等着孩子去学去做；二是在父母无微不至的关爱中，孩子们不仅没有行为的自由，也少有心理的空间。因为中国父母明白，将来的社会竞争是残酷的，所以现在只能对孩子残酷一些，能不被社会淘汰尚不容易，何况他们的孩子还要成龙成凤呢！

因此，国民教育除了模型与别国有差异之外，家长态度、观念和方法也有巨大差异。中国的家长几乎没有一个对孩子掉以轻心的，许多家长几乎是以如临大敌的谨慎来陪伴孩子成长的。

二、实施底线教育的重要意义

实施底线教育是对榜样教育的重要补充和修正，也是教育现状的现实呼求。

榜样教育提供了个人某些品质、特性或整体人生发展的远景目标。大凡是榜样都与常人在某一方面有距离，都做出了常人难以企及的事业，因此作为远景目标是合适的，也具有激励作用。但榜样教育缺乏起点，即人们应该从哪里开始向榜样靠拢。理论上讲，任何一种起点都能够以此出发向榜样靠拢。但在现实教育中，这等于把榜样置于空中楼阁的位置，没有为向榜样靠拢提供现实的阶梯。

从我国的教育现状来看，榜样教育也限于空洞、失效的尴尬境地。很多孩子一听说榜样就厌烦，哪怕是父母提到邻居亲戚的孩子如何的好，也可能会引起孩子的反感。榜样应有的激励和目标设定功用没有发挥出来，却在很大程度上沦为空洞的口号。

底线教育正是要为榜样教育提供一个恰当的起点。不论任何人，都应当把自己的行为、言论、思想控制在底线之上，这才成为一个合格的人，成为受到家庭、群体、社会接纳的人，从而获得基本社会活动的准入证。从这里出发向榜样靠拢，就不会产生二元划分评价，即“榜样是好的，不能做到像榜样一样就是不好的”，这个榜样教育潜在的二元对立评价体系扼杀了榜样教育的功效。而在实施底线教育的基础上开展榜样教育，人们的自我评价和互相评价就可以修正为：我（他）虽然无法做到像榜样那样，但我（他）已经成为一个合格的人，我（他）能够努力的向榜样靠拢，能够做得更好，但首先我（他）达到了起码的做社会公民的要求。

底线教育最大的好处就是受教育者都具备了应有的法律、道德意识的基础，能保证他们的言谈行为被规范在法律许可的范围以内。从整体素质上看，这样的教育制度下，国民的素质水平比较整齐，有利于整体国民素质的提高。

三、恰当理解底线教育

首先，底线教育不是降低标准，不是向下看，而是着眼于在教育之初构筑一个坚实的素质基础。这个基础具备的高度使孩子得到了一个腾跃的踏跳板。如果缺少了踏跳的支撑，那么再高远的目标也无法实现，因为不知道在哪里踏跳起步。从国民教育的视角来看，底线教育是一种理性的、可行的、有序的教育。能把国民素质整合到一个统一的高度上，从整体上提高国民素质，而不是混乱无序地既有少数榜样似星月般悬在高空，又有人因无知而跌破法律底线沦为罪犯，使大部分人就在这“上穷碧落下黄泉”的空间里无所适从。从这个意义上说，底线教育不是降低标准，而是对国民教育提出了一个切实可行的目标，实际上是提高了标准，保证受教育者整体都达到了水准线及以上。

其次底线教育不拖孩子的后腿。从长远观点看，底线教育是固本培元的教育，是使受教育者获得可持续提升的动力源泉。由于底线教育的固本培元作用，从根本上避免了某些孩子的偏科独进，成为“天才的残疾”。底线教育是育子成人而不是毫无根基的望子成龙。育子成人是望子成龙的基础，望子成龙是育子成人后更高的目标。并不是所有的成人者都可以成龙，但成龙者必先成人。底线教育就是一种成“人”的教育，因此是固本培元的教育。

再次，底线教育是全面的素质教育，因此要求教育内容和顺序的平衡有序。一般来讲，在婴幼儿和少儿时期，要特别重视身心健康和道德建设。智力的开发要掌握适度的比重，不能荒废，但决不能过度。因为身体和道德是人生的根本和基石，只有在这两方面打好基础，智力的开发才有社会价值和人生依傍。再者就人的潜力来讲，也是从初中以后的高中阶段开始才能承受大负荷的学习压力。世界上教育比较成功的国家，学生的负担是随着年级的升高而加重。到高等教育阶段则宽进严出，取得学位证书是比较难的。现在在我们国家正好相反，孩子该玩的时候不能玩，等上了大学，开始要承担人生和社会责任时却反而比较轻松。因为大学里只要各门功课及格，不愁拿不到毕业证。这种状况造成了大学生在学习中只留心与考试有关的资讯，而不注重知识的连贯性学习，更不注重动手体验的实践。这种颠倒是教育的畸形，要改变现状需要各方面通力合作并持久的努力。

四、底线教育的组成部分

底线教育有很多子项，但主要是德、智、体三方面。德育的底线分两部分，一部分是法律底线，另一部分是道德底线。

对孩子进行法律底线教育是世界上大多数国家国民教育的做法，这个做法的目的是让孩子从小就逐渐建立起一条明晰的法律底线，并由此形成一个坚定的观念：法律底线是万万不能跌破的。凡是法律不允许的，在任何情况下都不能去做，否则将会面临法律的制裁。相反，只要是法律许可的，你尽可以去施展自己的个性。除法律底线之外，母亲和各级教育者还要在道德体系中给孩子设定底线。譬如孝正观念、日常礼仪、行为规范、交往之道等。类似的底线要反复讲、经常讲，并且与孩子一起身体力行，力争形成习惯。这样，孩子就站在一个德育的高度上，获得一定高度的道德基础。

同样，对于学习和体育锻炼，也要给出一个明确的底线。不要老盯着双百分和运动员级别不放。孩子只要达到底线，就要愉快地认可和接受，不能一味地得陇望蜀。

五、家长实施底线教育的三关

底线教育在初始阶段必然会遇到来自各方面的阻力，关键是家长要过好下面三个关口。

（一）心态关

目前盛行的教育仍然是应试教育，因此智育第一、智育唯一还是一股强大的潮流，“散场效应”的裹挟让很多家长始终不敢懈怠，唯恐自己的孩子被淘汰。在这种情况下，目标会越订越高，揠苗助长也在所不惜。现在要一下子重新分配精力和重点，实施底线教育，相信大部分家长很难接受，更不愿看到前功尽弃。

其实，只要换一个视角来分析一下利弊，就不难摆正心态。根深叶茂和揠苗助长，持续提升和昙花一现、广博和褊狭、强大和脆弱，这些对立的概念如黑白剖判，正是两种教育的不同结果。底线教育模式是用短暂的担忧换来长期的坦然。当认准了形势摆正了利弊以后，所有家长都会找到真正平衡的心态。

（二）目标关

每位家长的心里都不乏为孩子织就的前程图画，而这些似锦前程往往离不开名利权势和一生的顺达。这样的美景能否实现先不说，家长常常不厌其烦地拿这些来要求孩子，在给孩子加压的同时满足一下自己的憧憬。现在要把这比天高的目标调下来，变成“高素质国民，士农工商都能干得好”，肯定有家长或孩子本人心里接受不了。

但人生来不得半点虚妄，不切实际的幻想只能是幻药，它带来的是幻影破灭之后的沮丧和绝望。与其让孩子长成后承受这绝望的折磨，还不如让其脚踏实地地规划自己的生涯，量身定制自己经过努力能达到的人生目标。这样不仅不会有失落之虞，反而会收获达意之喜。

目标是供我们实现的，不是让我们空想的。

（三）能力关

随着目标的调整，教育方式也面临全面更新。传统的理念、方式、武器和惯常的做法都要改变。这无疑是一个挑战，是对家长能力的考验。

面临考验的家长别无选择，只能采取认真学习、努力实践的态度。要坚定信念不能动摇，要时刻警惕习惯的回潮和干扰。当观念、方法、心态都皈依到底线教育的理念上来时，一种新的丰收就要来临了。

底线教育的实施是一个重大的观念转变，必将引发教育界一系列相应的变化，但这是趋势，家长们特别是母亲们要顺应大潮、未雨绸缪，在开始的时候还要硬起心肠，以应对孩子暂时的摇摆和彷徨。

第八节　付出教育是人生快乐的预演

付出不是居高临下的施舍，也不是选择中的无奈，更不是虚伪的表演，付出是一种快乐。我们从这里看到了人性的崇高。

一、付出教育的定义与意义

付出教育就是引导和教育孩子从小就学会与别人分享自己的财富——包括物质财富和精神财富。

分享的过程满足了别人，又愉悦了自己。付出者并没有想到回报，但每次付出后都收获同等的快乐。当每一次付出都伴随着收获般的喜悦时，就已经不是简单的得失平衡，而是收获了人性中的崇高与圣洁。

付出之所以成为一种教育，是因为它不可能与生俱来，需要后天的引导启发和训练。付出教育是对人类自私、贪婪、野心的遏制，力图为人的本能提供一个合理发展和完善的环境，使之与后天形成的教育和品行融为一体，进入道德人文的殿堂，由自己实现人性的升华，实现自我完善。

总体来讲，付出教育属于德育范畴，但它不仅包含了道德的熏陶，还包含大量的心理引导和心态磨炼，而且还需要习惯养成过程中必不可少的训练。因此付出教育要达到的目标就是将最初的教育变成最终的态度、习惯、心理定式和动力定型。

付出教育是一种新的提法。考虑到当前的社会环境，考虑到由于价值多元化带来的社会混乱，考虑到独生子女在很长时间内都将是中国的主体人群。所以，开展并坚持付出教育是非常必要的。

二、付出教育的四个阶段

付出教育的实施过程随着孩子的成长而不断升级，大约需要四个阶段。

第一阶段：从解决“争怀现象”开始。

“争怀现象”在人与哺乳动物中都存在，指的是在哺乳过程中，哺乳对象为达到只能独享不能分享的目的而对同伴采取的激烈排斥行为。但人与哺乳动物争怀的表现形式不一样，在进化论谱系中的意义也不一样。

婴儿的行为通常是：当他吸吮一个乳头时，本能地用手占住另一个乳头，如果让他失去对另一乳头的掌控或同时给另一个婴儿喂奶，就会引起他的激烈反应，或哭闹或罢吸或用手脚抗议，直到达到目的才罢休。

婴儿的“争怀现象”满足了自己本能的需要，但“争怀现象”如不能得到良好地过渡和发展，将来就会成为产生自私和贪欲的温床，难以逆转。

哺乳动物的表现通常是：身强力壮者通过进攻把身体弱小者赶开，并且常常是一群小动物中只排斥其中的最弱小者，其他的反倒可以相安无事地共享。对于动物来说，“争怀现象”是一种生存过程中的优胜劣汰，以此来保持自己种群的生存竞争实力，阻止品种退化。

正因为如此，我们才把解决“争怀现象”作为实施付出教育的起点。解决“争怀现象”主要是习惯动作的训练，到后期才加入心理导引。

除了在襁褓中哺乳阶段外，从解开襁褓的那一刻开始，就要注意在哺乳时随时遏制孩子另一只手对另一个乳房的霸占，要温柔而坚决地把他伸出的手移开，尽量让孩子把手放到正在哺乳的乳房上，最好形成孩子双手抱一个乳房的姿式。母亲也可以在哺乳时用自己的手把另一只乳房护住，不给孩子的手接触另一只乳房的机会。在将要断奶前的两至三个月期间，有条件的可以用玩具假扮孩子同时吸奶，创造一种分享的局面，以巩固孩子的分享心理。

第二阶段：用“玩具的赠与和交换”形式养成相应的习惯和心理。

在这一训练阶段，要和孩子一起经常性地练习把自己的玩具赠给别的小朋友，底线是不要把玩具全部送出导致自己空了手。最后达到只要自己手里有玩具，对别的小朋友就不吝啬的程度。

到了这个火候，可以考虑进入与别的小朋友交换玩具阶段，因为这时候他们还不具备语言交流的功能，所以母亲要学会为孩子做主，要磨炼孩子的性格，使他不要太挑剔。经过了这一阶段的训练，孩子的行为和习惯就打下了宽容的基础。

另外，从上一阶段的给予到这一阶段的又予又取，使孩子隐约产生一种得与失平衡的心理机制，为以后高一级的付出教育又做了一层铺垫。

在时间安排上，第一阶段和第二阶段不是截然分开，而是在第一阶段实施的中期就可以开始第二阶段。准确地说是从孩子开始有意识地玩儿玩具时就可以开始第二阶段。第二阶段的训练需要几年时间。这期间玩具不断升级换代，赠与方式和交换形式也不断翻新。这一切都是为达到两个目标：使赠与成为习惯，并培养和巩固与此相应的心理机制。

第三阶段：“从具体赠与到利益分配”的心态磨炼。

孩子进入小学阶段以前，其思维意识就开始萌动并逐渐活跃。到了小学阶段，许多有意识的思维便成了影响孩子成长的主要心理因素。

如当干部的心理、受表扬和批评的心理，与同学交往友谊深与浅的心态，挑选朋友的心理，等等。在这一阶段，他们对类似玩具赠与之类的事情不感兴趣。由于前几年打下了良好的心理基础，他们会自然把这些事情上升到文具、书籍、运动器械等的赠与和交换。在具体的物品上家长可以放心，但新的课题是意识思维层面的心理活动，这一层面和前两个阶段不同，是从有形到无形，虽然无形，但同样体现了利和益。

从有形到无形是一种升级。从物质的占有和付出到意识层面的利益转化就是一种升华。第三阶段的转化过程在某种程度上是质的升华，是一个既关键又敏感的阶段。有些事可以根据家长的理解讲一些道理，而大部分时间家长要和孩子共同承担挫折，磨炼心态。

这一阶段的付出教育，付出的是无形的东西。这时的训练已经触及价值观的本体。帮助孩子坦然地度过这一阶段，付出教育就走过了最难过的坎儿。

第四阶段：从价值观建立到道德境界的升华。

通过一系列的训练和承担，可以说付出教育已经成功了一大半。实际上通过付出教育帮助孩子建立起一种价值观，家长的硬任务已经完成。这一阶段的升华既需要家长的引导，更需要孩子自己体悟。成功的付出教育，可以让孩子终生受益。

首先，付出教育从心理上帮助孩子建立了相应的机制，使他在物质与利益付出的同时收获了精神的愉悦，产生了快乐的心理，照亮了人生的道路。在日常生活中，付出是一种行为和态度，但在背后支撑它的却是心态。许多人不是没有付出的能力和态度，唯独缺乏的是相应的气度和胸怀。一腔狭隘的心胸是容不下付出的，在这种情况下，即便有了付出的行为，也换不来精神的享受，反而招来撕裂般的自我折磨。

其次，不吝啬的付出和相应的良好心态必然伴生出良好的人缘和旺盛的人气，这在人际交往领域内是得天独厚的优势。付出的行为和心态是沟通人际交往良好的润滑剂，使人充满了亲和力，有利于形成群体和团队，而这些又对孩子的生涯带来无尽的正面效应。

再次，付出教育重在对孩子的心态进行磨炼，使其有一个坚强的“内宇宙”，这样的心态抗击打能力极强，能帮助孩子在日后的人生道路上克服困难，不屈不挠。

最后，付出教育让孩子形成的不贪婪、无私欲的思想境界，是人生最大的财富，能帮助孩子经受一次次人生的考验，完成一次次的思想升华，最终成为一个襟怀坦白、乐观向上的人。

付出教育，是走向快乐人生的一次快乐预演。

第九节　才艺教育是素质教育的华彩

才艺不是人生价值的标签，而是以提升素质为旨归的文化渗透。才艺不仅使生活处处洋溢欢歌笑语，更重要的是显示了个体的人格平台的宽窄和文化尊严。才艺教育越来越受到人们关注，昭示着一个良性的发展趋势。

才艺教育要分清是以才艺为职业的教育还是通过才艺的文化渗透来完善自身素质的教育。本节所述的才艺教育是指后者。

一、才艺教育的重要意义

才艺以兴趣为诱因，以潜能做依据。从这个角度讲，它并不适合所有人，才艺教育是最不能勉强的。但才艺属于高级的文化形态，对任何人都有普遍的感染力，这种感染是一种教化和熏陶，对于提升人的思想境界有重要的作用，促进人的和谐发展。从这个意义上说，任何人都离不开才艺。

才艺对个体事业上的帮助，是由于个体受各种文化渗透融合而成的文化形态使其在自己专业领域内具有独特深刻的理解，并由此生发出以学科交叉为特点的边缘理念、边缘理论或者边缘学科。也就是说，才艺教育扮演了新兴学科的催生因子。一些创世纪的发明或改变世界的决策经常是受到艺术的启发而瞬间形成的。精湛的艺术具有强烈的感染力，让受众产生巨大的感情共鸣，进而出现泛学科的通感。在学术上，通感常常是创新的温床。所谓触类旁通、举一反三、灵感顿悟，大多产生在具有才艺的人身上。在历史上不乏这样的例子，许多学者、伟人同时又是艺术家。美国前总统尼克松在侄女生日宴会上曾即席谱写生日歌并当场弹钢琴自唱；丘吉尔获诺贝尔文学奖在西方社会也不是惊天动地的大事。我国的大语言学家赵元任、著名地质学家李四光都有很高的音乐造诣。可见一种成熟的有准备的教育是少不了才艺的。

最近几年我们强调素质教育，号召学生全面发展，从小注重才艺培养，这是有积极意义的。适当进行才艺教育不会挤占孩子的精力，不会增加他们的负担。只要才艺教育不违背孩子的天性，不扭曲孩子的性格，不抱着功利的目的，以逼迫他们考级、考证、获奖增加升学求职的砝码，就不会造成恶劣的后果。相反，才艺教育的灵、动、放等特点正好能对孩子高度紧张的神经有松弛、消缓作用，能促进大脑的进一步开发，而且能锻炼体能，可谓是一举数得。

所以，我们今天倡导才艺教育不是可有可无，更不是无事生非，而是在赓续民族的优秀传统和借鉴人类文明的共同成果。才艺教育是教育发展到比较高级阶段时的必然趋势。

二、才艺教育从兴趣入手

进行才艺教育一定要从兴趣入手。暂时不能确定孩子兴趣定位的可采用一些测试手段，通过对测试过程的观察以及与孩子沟通，以了解孩子的志向和兴趣。对年龄小的孩子可创造条件让其多欣赏演出、比赛，从中也能抓到他的兴趣点。兴趣也有遗传基因，才艺基因比较显性的父母可以通过自己的特长调动孩子的兴趣。历史上许多成功者得益于家传，其实就是家长把握住了这种兴趣的传递，不失时机地开发了孩子的潜质，最后取得了成功。

对于兴趣比较广泛、可塑性较强的孩子，家长最好在达到底线的基础上放手让他们发展。切忌过早地为他确定专业方向，不能搞单科独进，那样不仅会让他失去很多发展的机遇，而且会因为过早地封闭专业而封闭了他的心灵，而封闭心灵是会酿成恶果的。许多孩子追求琴棋书画和十八般武艺样样精通，这不是什么坏事，孩子接触的领域越多，触发灵感的机会越多，也就会有更多的突破渠道，所以家长可以尽管放手。这样的孩子即使到最后没有做成什么“大事”，但丰富的经历和磨炼已成了他人生的财富，而这样的财富对他的人格发展和事业发展都有极大好处。毕竟这样的经历是不可复制的。

兴趣经常暗合了天赋，真正的才艺卓越者是需要天赋的。但天赋未必人人都有，所以在对孩子实施才艺教育时要以平常心对待。千万不能不顾客观条件定出过高的目标。所谓平常心，就是自己明白才艺教育对孩子加强素质教育，并不是一定要培养什么家或奥运冠军。对孩子才艺教育的成绩要适可而止，要从知识和技能入手，通过艺术实践重点引导孩子对才艺的体味和平心静气的体验，以此来加强才艺的修养，养成一定的知识技能基础和艺术品位，逐渐把才艺的真谛传递给他们，让他们在体会中升华心灵。如果能做到这些，才艺教育的目的就达到了。

从兴趣出发，走愉悦的路子，这是才艺教育的正确做法。

第十节　性别教育

性别教育是人类文明的基础教育，是人类进化的阶段教育，是社会和谐所需要的终极教育。性别教育就是对儿童进行基于天然性别之上的性别角色意识和性别角色行为的教育，这种教育以性别的天然生理差异和社会对性别差异的理性评价定位为基础和来源。

一、性别教育顺乎天成

性秉天成，性别是从“人之初”的源头上为人类做出的天然分工。正如“人”字靠两笔画支撑一样，偌大的人类族群也全凭男和女来组成。我们的祖先曾把组成世界的材料概括成金、木、水、火、土五项，后来这五项从物质变成了物性，又从物性升华成符号，终于把世间万物都包括进去了，称为“五行”。但“五行”的组合也离不开阴和阳，而阴、阳两仪的人格化载体，便是女和男。可以这么说，世界就是由男人、女人和万物组成的。

在共同支撑人类的需要中，虽然男性和女性会表现出一些共同的素质。但从根本上说，男人有男人的性征，女人有女人的性征。当男女都把自己的性征发展到极致时，在两性之间就会产生天然的互补，这种互补是人类天赋的全面整合，整合的结果就是人类社会的和谐。

在人类历史上，两性性格的异化期与和谐期是交替出现的。先民们总会利用有限的理性制造一些律典，然后以这些律典为武器，规范人们的行为，使之达到和谐。这种规范的实施过程实际上就是性别教育。而人类社会的某些不和谐正是由于人们的性别意识和性别角色错位造成的。性别教育就是一项角色的归位和正位教育，通过性别教育使男人更像男人，女人更像女人，并承担符合性别特征的社会责任。

二、提倡性别教育的社会背景

（一）性别教育空白导致性别鸿沟的模糊

性别教育在我国尚属空白。贯穿婴、幼、童、少、青、壮成长过程的人生教育是男女不分的混杂教育，这个教育体系中的不少内容都反映出无性别差异的价值倾向，试图模糊甚至消泯性别鸿沟，实现一种虚妄的“男女平等”。

（二）男女平等的功能化错位

提倡男女平等就是提倡女性与男性之间在社会角色、职责和功能上的等同化一，这种理解是对男女平等的功能化错位，曲解了妇女解放的人类宗旨，是对女性的人格定位、文化尊严和社会作用做功能化的诠释和工具化的运用。这种错位和曲解的直接后果就是不加区别地鼓动女性去做男性的事情，把大批女性培养成誓与男性争锋抗衡的女强人、女战士，无选择地开放社会所有领域和工种鼓励女性参与，宣扬女性在工作、生活领域中的“不让须眉”。这恰恰忽视和抹杀了女性作为女儿、妻子，特别是作为母亲应有的天职、义务和社会分工。其结果是造就了大批的花木兰，放逐了孟母和乐羊子妻。男女各占半边天是指世界是由男性和女性组成，两性之间互为补充互为需要，决不是空间上的各占一半和角色功能上的趋同。

（三）真正的男性教育呈现整体缺失状态

从托儿所、幼儿园到小学，孩子们大都处在女教师和阿姨的呵护与教育下。整日在“乖、听话、有才艺天赋”上下工夫，把男孩子应具有的阳刚之气、争胜好强、英武勃发的先天禀赋都耗散殆尽。对男孩子与生俱来的淘气、调皮、好动、争抢等天性不是进行适当地控制和引导，而是像对待毒瘤那样地割除。更有甚者到了小学阶段，学校和老师还容不下男生的调皮和打闹，非要把男生培养得像女生一样文静听话不可。

在孩子的少儿阶段发生这种偏颇的教育是非常残忍的，有的教育家对此痛心疾首，怒斥这种教育为“太监教育”，会阉割一个民族的灵魂。倘若一代代青年群体都走向了唯唯诺诺的“听话”之路，那一个民族的复兴之路岂不是空谈！

教育是培养民族精神的千秋大业，民族精神的萎靡当然有许多原因，但与从小受的教育和锻炼关系甚密。从精神、士气、斗志诸因素来衡量，中华民族确实又处在了最危急的关头。

正是这些背景，构成了我们提倡性别教育的基础。

三、性别教育滥觞

关于性别教育的目标，关乎好男性和好女性的标准，是一个太大的题目，不是本书讨论的范围。我们选择了从不同性别的天性出发、从教育本身的规律出发这两项为坐标，对性别教育中的缺项做一充补，把人生教育中的误区做出证伪，然后努力列出性别教育的课题和内容作为我们的任务。更远大的目标恐怕我们力有不逮，只能权尽微薄。

（一）关于男性

一个优秀的男人未必一定是一个完美的人。他可以有许多缺点和不足，但有两点是不可或缺的，那就是作为男人的坚强隐忍和责任感。

在任何情况下，坚强隐忍作为男人的品性主干，集中体现了人类生生不息的顽强生命力。正是因为有了坚强隐忍，人类才得以薪火相传，才得以生存和发展。在这个意义上，坚强隐忍是人类进化动力的精神源泉。

在任何情况下，敢于承担是男性介入社会的唯一立身武器，这也是男性的道德品牌。正是因为肩负着神圣的责任感，男人才成为了社会的肩膀，人类才能和谐地相处，家庭、社会才能和谐地存在并发展。鲁迅先生早在20世纪初期就殷切地企盼中国男性的坚强隐忍。但

是，社会发展到现在，无论在家庭、社会还是各种团队中，负责任的男性仍谈不上普遍。

（二）关于女性

一个优秀的女性也未必是一个完美的女人，她也会有很多的缺点和不足。但也有两类品性她不能丢掉，那就是善解人意和深明大义，这两点对东方女性显得尤为重要。

善解人意是生活和交往层面的表现，但显然是女性优秀禀赋的结晶。善解人意既有“厚德载物”的宽厚仁爱，又有以柔克刚的聪慧技巧，是人际交往中最甜蜜而最有威力的武器。当然善解人意本身就是女性修养中的一个制高点和亮点。

深明大义是面临人生大义抉择时的原则，是民族精神中的精粹，是与男性的坚强隐忍息息相通的生命张力和民族的集体意识。深明大义是大写的女人对扭捏作态的无情嘲弄，是对无聊的不屑一顾，是对女性人格尊严的捍卫，是在人类社会中与男性同立同高的精神平台。

综上所述，无论是男性的坚强隐忍和负责任，还是女性的善解人意和深明大义，都理应是男女双方的品性主干，这也就构成了未来性别教育中的主干课程。对比世界上一些较为清醒的民族，我们已经有不小的差距，是到了迎头赶上的时候了。

（三）母亲教育的力所能及

性别教育是全民族的教育，也是每一个人伴随一生的教育。在人生的不同阶段，对不同的性别有不同的角色要求，所以在母亲教育所能及的阶段和范围内，只能做一些铺垫和启蒙。实施性别教育肯定会遇到很多绕不开的难题，但在母亲教育阶段，只要能把握好启蒙教育，许多难题便不难破解。

这一阶段性别教育的突出特点是：从小事做起。

这一阶段性别教育的最好方式是：家长老师联手，家庭学校结合。

这一阶段性别教育中突出的问题是：管理和个性的矛盾。

这一阶段性别教育中的突破点是：好男孩、好女孩的评价标准。

四、他山之石

下面是一些来自德、法、日、韩等国性别教育的资料，我们把这些资料做了“中国式”改造，难免以偏概全，也不一定适合所有的学校和家庭，只是作为一种启发。

女性性别教育在幼儿小学阶段，主要在形象和观念上着眼。大部分女孩在这个阶段都选择舞蹈训练，这样做有很多好处。因为正处于长身体、塑体形的阶段，所以舞蹈训练能全面促进身体的发育成长。另外，舞蹈培养孩子“坐有坐相，站有站相”，正是一个人气质和风度的基本要求。其他的才艺以后都可以掌握，唯有舞蹈错过了年龄段以后很难弥补。对于这个年龄段的小女孩儿来说，舞蹈既是形体课又是精神训练课。

在这一年龄段的性别教育中，许多家长和老师根据本民族的习俗和男女就业状况，不约而同地选择对女孩儿实施“家政教育”。家政是一种境界和能力，但这一时期孩子还不具备相应的体力和综合能力，对许多科目尚不能胜任，于是家长选择从小培养她们的家政意识。

2005年冬，上海一家调查机构对上海和东京的少女群体做过职业倾向调查，结果上海少女们的职业理想是做空姐、CEO和企业家，而东京少女的职业理想是家庭主妇、育婴师和护士。当然职业并无贵贱，但不同的选择却折射出她们的价值取向。联系到两国女性的就业状况和两个国家不同的发展水平，这个现象是令人深思的。

德、法等国的男性性别教育，在幼儿及小学阶段主要在体能和精神意志上下工夫，体能锻炼不仅是学生而且是全体国民的终生课程。

日本、韩国的男性教育也卓有成效。20世纪50年代中、韩两国在朝鲜战场上曾有几年的较量，那时的韩国军队简直不堪一击。而现在，韩国男人的坚强隐忍经常在赛场上实现惊天逆转，足球场上的拼命精神更值得称道。日、韩等国都是从少年儿童开始对男孩子进行几近残酷的体能锻炼和精神意志培养。日本孩子以吃苦耐劳和抗挫折闻名，而韩国超过70%的男孩从小就投入跆拳道训练。赛场上的拼命主义和不屈不挠来源于“童子功”，而所有国家和民族的“童子功”都是性别鲜明的，从不混杂的。

性别教育是一个新课题，虽然我们意识到它的迫切性和严峻性，但目前尚无对整套教育系统的开发，这需要以举国之力来推动。认同性别教育的必要性和可行性，力所能及地在现实教育中加进性别教育的内容，是每一个母亲都必须重视且能够做到的。

第十一节　母亲要努力做孩子的心理领跑者

如果说人生犹如长途跋涉，那么在不同的路段上跋涉者需要有不同的领跑者，那位终其一生都在为跋涉者领跑，而自己常常倒在半路上的往往就是跋涉者的母亲。前人在反省自己人生之路的坎坷时，往往归罪于“少无良师长无良友”，实际上是在慨叹自己在人生的几个关键路段上缺少心理上的领跑者。

一、母亲是孩子天然的心理领跑者

母亲与孩子的关系除了因生养关系而自然拥有的教育与被教育关系、基于人格平等与沟通需要的朋友式的关系外，还有一个非常重要的关系，那就是作为心理领跑者的关系。通常，人们把母亲比喻成港湾。如果只是港湾，小船就无法出海。母亲还应当是一条经得起风浪的船，成为小船出海的教练，不仅是技术上的教练，更是精神上的指引。

孩子后天早期养成的心理特征，基本上都是母亲塑造的结果，更为直接地说是母亲个性心理品质的投射与演绎。从这个意义上说，母亲在孩子成长的早期实际上已经成为心理领跑者，只是这种领跑的方向和效果未必是母亲期望和正确的。再者，随着孩子的成长与成熟，许多母亲渐渐不由自主地退出了心理领跑者的位置，被人取代了，甚至站到了心理领跑者的反面。例如，很多问题孩子的领跑者就是社会上形形色色的人，有些是明星偶像，还有一些则是不着边际甚至虚幻的人物，如网络世界中的人物。

因此，必须旗帜鲜明地提出“母亲是孩子心理的领跑者”这一理念。学习做孩子的心理领跑者，并不是要使妈妈成为孩子全面的榜样，也不是成为万能的人，而是要能够带领孩子解决成长过程中遇到的一个个难题，在关键的选择时刻给孩子指明方向或提供参照。要实现这种心理领跑，母亲要在心理品质上成熟起来，换句话说，母亲希望孩子具有的优秀心理品质，自己应当首先努力具有。只有这样，母亲对孩子的爱才能在领跑的道路上有效转化为孩子成长的动力，使身后的眺望也成为另一种领跑。

心理领跑员需要全元领跑。之所以强调心理是因为现阶段孩子表现的问题既不完全是知识问题，也不完全是认识问题，而常常伴有心理问题。心理问题化解了，别的问题常常会迎刃而解。

二、如何做心理领跑母亲

努力学习做孩子的心理领跑者，的确对每一位母亲提出了很高的要求。为此，我们提出一个合格的心理领跑母亲需要做到的三点，作为解决心理领跑的方法。

（一）知心理

这一点很难做到，但又非做到不可，否则一切领跑都是无的放矢。

说很难是因为父母们在这个问题上常常陷入盲区。因为是自己的孩子，所以自认为非常了解。其实这是一个最大的误区。由于教育方式的失当，许多孩子从小就在父母和自己之间树立起了屏障，而父母与孩子一旦失去了这一沟通渠道，再想从孩子口中得到真实想法就很难。但家长却不这样认为，“我的孩子我了解”是挂在嘴边的一句话，这句话的真实性在于家长从小把孩子哺育大，对孩子的生理特点、生活嗜好甚至体征特点确实非常知根知底，但这句话的不可靠性在于，家长并不知道孩子的心里在想什么。因为常常受到干涉，所以孩子们都在家长面前三缄其口。长此以往，交心就出现了问题，家长就很难知道孩子的心理了。

如果家长明白了这种态势，问题就还有解决的希望。但明白态势只是第一步，要了解孩子的心理还需要走一段试探之路。家长最好要通过学习掌握一点儿心理学知识，掌握一点儿交往理论和做法，以一种全新的、让孩子心悦诚服的方式和孩子沟通，以换取孩子真实的“情报”。

还可以从别的角度（例如谈论一下别的孩子）切入，可以通过孩子对别人的评价来发现孩子本身的问题，从中得出自己的结论，衡量孩子的心智水平，同时也能弄清孩子目前正在想什么，有利于对症下药进行疏导。如果疏导是有备而来又准确无误，孩子是乐于接受的，这时的引导将收到事半功倍的效果。

（二）同方向

方向问题是与目标互为因果的，目标一致了方向问题自然不难解决。目前的问题是两代人经常因为目标不一致而产生行为上的相悖。在这里，问题又常常出在家长一方。家长容易犯两类错误，一是制定过高的、脱离实际的目标；二是用自己的意愿代替孩子的选择。

如果目标过高，就可能会导致孩子产生由于目标的无法实现而想要放弃的心理。因为孩子知道无论自己如何努力也跳不过十米的高度，那还不如干脆放弃。出现这样的问题，就要求家长沉下心来，要实事求是地考量孩子的条件，和孩子一起商定一个可行的目标，然后制定切实的措施，一步步地走下去。决不能走好高骛远的虚妄之路。“不想当将军的士兵不是好士兵”，那是在特殊情况下针对特殊群体的励志和刺激，不能当作普遍的铭言来宣扬。历史上还没有哪一群野心勃勃的人凑在一起能干成大事的，倒是一个有序的团队常常能获胜。在这方面要怀有平常之心、知足之心，在激励孩子的同时又不要煽起他们的侥幸心和野心。

第二个问题是某些家长每每把自己的意愿强加给孩子，逼孩子味同嚼蜡地努力，这样的目标同样也很难使得方向一致。孩子是一个生命主体，从小事到大事都有自己的意愿和做法。当一个主体在编织自己的生命体系时，是不希望受到干扰甚至干涉的，那怕是面对自己的父母。

中国传统的礼教中十分推崇父母的权威，以至于许多父母对孩子的大事小情无一例外地包办。这包办酿成的悲剧几千年连绵不断，令多少子女肝肠寸断痛不欲生。把自己意愿强加给子女就是这种包办的心理在新形势下的翻版，这样做除了激起儿女的反叛心理，最后闹得不可收拾之外，还会酿成更大的家庭悲剧和社会悲剧。奉劝今日的父母千万不可再干这样的傻事。

事实上，大部分子女是尊重父母意见的。只要双方有良好的沟通愿望和习惯，在目标问题上不难达成一致。而目标的一致自然会导致行动的一致。在这里特别强调要避免的是，无论出现什么情况，在人生目标问题上千万不要和孩子对立。如果两代人站在了对立的立场，那结果可想而知。一个领跑者跑反了方向，结果能好吗？

（三）学在先

这是一个学业问题，也是一个心理问题。

我们在前面讲到“导学”的问题，要当好导学，必须学在先。作为一个领跑者，一定要领先一个身位或一个适当的距离。如果没有了提前量，那跟跑者会失去引导，如果提前量太大，跟跑者又会失去追赶的信心，所以要保持一个适当的距离。这个适当的距离并不是真正学业上的实际距离，而是领跑者为了当好导学而明晰显示出来的一段距离。

对此，有不少家长限于自己的学历水平而表现出畏难情绪，但我们的问题不在这里。因为知识的更新太快，现在一个大学教授辅导不了中学生的事情已屡见不鲜。我们需要全力应对的是孩子的学前和小学阶段。对于这一阶段的知识，相信许多家长不会陌生，即使没有学过，通过重新学、先学一步也会掌握。那种连小学也没有读过的家长大概不会在将来的社会中存在了吧，即便存在也是极少数。总而言之，对于大多数家长来说，当好小学及学前阶段的导学应该是有资格的。这样，学在先的问题就解决了。

重点还是在如何“导”，导不是代替，也不是只负责把孩子不会的问题教会（初学阶段可能会这样）。重要的是一要帮孩子养成学习的习惯；二要帮孩子掌握学习的方法。小学阶段的任务就是把已经养成的习惯和已经掌握的方法形成一定的规范。当规范形成后，孩子的初中、高中、大学阶段就不用家长再耳提面命了。如果孩子到了高一级学校后还需要家长不离不弃的陪伴，那就说明家长没有完成小学和学前阶段的任务。

知心理、同方向、学在先，这三条是一个心理领跑者必须具备的条件。有这样的家长陪伴，孩子的人生之路将是非常幸运的。

第十二节　制定亲子方案

无数成功的人生或失败的教训向天下母亲推出了这样一个命题：即孩子的成长和培养是不能“摸着石头过河的”。换言之，“到哪山砍哪柴”“树大自然直”等论调都是对后代不负责任的放任自流。在这里，我们本着正视人生、勇于负责和着眼长远的理性原则，提倡母亲们给自己的孩子制定亲子方案。

一、亲子方案的组成

亲子方案分两大部分，即规划部分和计划部分。

规划就是在包括孩子的婴幼童少青壮等阶段的较长的成长发展期内，为孩子勾画一幅成长的蓝图，它是在对孩子人生元素做出客观评价后，以后天教育对客观人生元素进行整合后显现的生涯规划趋向，是孩子成长的大框架。内容包括孩子性格、习惯养成的重点难点；学业、择业的大体指向；人生的主干目标等。

计划就是将规划分段进行实施的具体培养方法和训练细则。从周计划、双周计划、月计划、季计划、半年计划、年计划一直到三年计划都包括在内。大体上孩子越小，安排计划的天数越短，内容也相对集中。因为是紧密配合孩子成长规律而实行的计划，所以，几乎完全是实际操作，要求母亲们耐住心性循序渐进，千万不要轻视这些简单的动作和单调的重复，正是因为简单，才让孩子们容易做到，正是因为重复，才让孩子们容易形成条件反射、思维定式和动作定型。而这些都是具有奠基意义的训练，能为孩子的发育成长提供最好的基础。还有一些最初的训练是要化为孩子素质的，这对他们的终生都有极大的意义。

二、制定亲子方案的依据

制定亲子方案，除了在计划部分中有些内容能从医疗领域的书籍中找到外（因为育儿手册类的书中载有专家或医生们根据孩子的发育阶段而制定的训练内容和方法）。其中最关键也是最难的就是捕捉和确认制定这个方案的依据。换句话说，也就是凭什么在方案中做这样的规划计划而不做那样的规划计划？怎样做到针对不同的孩子做出不同的方案？这个问题确实很复杂，答案却很简单，那就是做任何方案都离不开以下的程序。

一是对孩子长期的观察。除了婴儿时期的一些固定计划项目以外，大约要用两至三年的时间对孩子进行性格、爱好、特长、缺憾、语言、思维、发育等一系列先天后天因素的观察，通过观察发现规律和趋向。这是制定亲子方案不可绕过的环节。

二是对孩子的父母双方进行综合全面的评价，包括先天禀赋与后天养成。在得出结论后再分析预测上述种种参数在多大程度上能对孩子的性格诸元产生影响——即遗传和模仿所造成的后果。

三是对祖辈（祖父母和外祖父母）的突出性格嗜好和身体疾病要进行比较深入地观察和了解。这项程序不是可有可无的，因为在遗传学上隔代遗传现象是较为普遍的，这也是“隔代亲”的原因之一。把握祖辈的有关参数对亲子方案的某些选项极为重要，可以在预防和纠偏时帮助我们迅速确认和判断，以减少犹豫和疑惑。

四是对大环境——包括地域、种族、气候、区域经济特点、地方文化、所处环境的社会发展趋势等有所了解。特别是对本地区教育发达程度以及父母所能掌握、利用、借用的教育资源更要有实事求是的估算。这对孩子的智能、体能开发和培养有至关重要的作用，要谨防做无米之炊。

五是上述几项工作离不开心理教育工作者的指导和帮助，例如心

理测评、孩子各项生理指标的界定等，这些都不能想当然，要有规范的程序和理性的判断。

在以上工作都在进行时，关于亲子方案的框架就已经在构思和实现。随着上述工作的进展，亲子方案的雏形也会渐渐明晰。在经过了这样初步的整合后，由此而制定的亲子方案就为孩子的成长构建了一个框架。当孩子长到三岁左右时，他已经能够进行明确的表达和简单的交流，他的性格诸元也大部分显露。这时候，一个针对性极强的专一方案就基本成型了。亲子方案应对孩子良好的遗传基因和初步养成习惯提供一个开放的发展空间，以期极大限度地发挥优势，提升孩子的人生价值期许，因此在以后的实施中还应不断修正和完善。

三、制定亲子方案的注意事项

需要注意的是，孩子年龄越小，在对他们进行的训练中共性成分越多，因为这时孩子的大部分行为还为本能所控制，而人类遗传的本能与生存息息相关，其表现形式大部分是雷同的。随着孩子不断长大，个性开始形成，这时对他们实施的培养训练就逐渐地凸显出个性。这个趋势一直发展下去，最后形成的亲子方案，实际上就是为孩子量身定做的专门方案。当孩子在方案的框架中健康成长的时候，父母对所发生的一切都是有准备的。意外也会有，但已无碍大局。

世界上大部分的爱都以聚合为目的，只有父母对子女之爱是以分离为目的的——让孩子飞得高，走得远。经营这种分离的爱需要理性、理性、再理性。至情至爱会在理性中得到温暖的归宿。成功得清楚，失败得明白，这是理性教育最自然的结果，也是为人父母者最成功的境界。制定亲子方案就是回归理性的第一步。

第六章
女人的功课

5月12日，是一个很特殊的日子。在2008年的今天，我们民族遭受了历史上特大的地震灾难。在过去的一年里，我和同志们一起见证了我们共和国沉重的崛起。因此，在讨论今天这个课程的时候，我们不要忘记，我们的事业是在共和国这个大的背景下展开的。如果没有我们的共和国，没有我们优越的社会制度，我们民族的命运，特别是女性姐妹的命运，是很难设想的。

在人类历史上，任何一个伟大民族的崛起都离不开伟大的女性。欧洲有一句谚语，“民族的崛起在母亲的怀抱里”；日本有个说法，“大和民族的强盛在妈妈的厨房里”。第二次世界大战使苏联损失了二千七百万人，百分之九十是男性，战后的苏联满目疮痍。但是，苏联伟大的女性在国民经济建设和革命的众多的部门里，勇敢地顶了上去，利用十五年的时间把苏联建设成一个超级大国。在人类发展不平常的岁月里，人类中的女性建立了不朽的功勋。在一个民族和平发展的过程当中，也处处可以看到女性不可缺少的力量。

今天我们分享《精彩女人》的题目是很有意义的。我跟大家分享，我和大家讨论，在我讲课的过程当中，大家可以提问，可以当场提问，可以递纸条。我愿意和大家就一些问题进行切磋。

第一节　和谐社会与女性命运

我经常在想，有时候女性的地位并不是一句话争来的，并不是非得写到文件上、拿到会议上，非得很勉强地去争取不可。男女平等本来就是人类社会很和谐的历史现象，这一点在我们中华民族的发展过程当中表现的尤其突出。

虽然后来，特别是近两百年以来，由于我们民族的发展曲折多变，女性的命运也非常坎坷。但是，从历史上看，不是这样的。我作过一些统计，我发现在南宋以前漫长的中国历史社会当中，中国的男性和女性大体遵循着一个天然的分工，都发挥了各自的作用，都保持了各自相应的尊严。因此，我愿意把第一个题目定为“和谐社会与女性命运”。

我认为，女性的尊严得到尊重，女性的权利得到保障，女性的功能得以发挥，是社会和谐的最基本条件之一。

一、女性地位的历史回顾

为了更好地说明我的这一论点，我们在这里简单地回顾一下，历史上中国的女性是什么情况。我们对女性的地位作一历史的回顾。

我们在国学的环境中探讨女性命运，大家先不要对国学有畏难的情绪。我在这里说的国学，不是单纯地说“四书五经”，不是让大家背诵“六十四卦”，没有那个意思。因为我是研究国学的，我和我的团队从事国学管理研究，在确定我们这个课题的时候，我们把它放到中华文明的大背景当中。

但是，我们所说的中华传统的文明充满着现代的精神和当代的元素，因此我的课是不用读经典，大家就可以了解传统文明的一些法则，了解历史上我们中华民族对人类的一些突出贡献。

这几年有一本书很盛行，就是《易经》。大家知道《易经》很难懂，但是《易经》地位又很重要。《易经》这本书，后人对它的评价特别高，被称为“群经之首，众玄之冠”。

《易经》是十三经之首。中国古代某些时期盛行“玄学”，像阴阳、五行、遥感、算命、看面相这些现在科学都得不到理论支撑，但是在古代它有时也应验。这个问题以后我们还要讲。

《易经》被很多人看做算卦的书，实际上不是，它是中国哲学的源头。这本书开始有两个大卦，《易经》六十四卦中的两个大卦：乾卦和坤卦。

乾，天行健，君子以自强不息；坤，地势坤，君子以厚德载物。乾就是健，健就是乾。

天行健，这是男卦，像天一样，它尊从的是强健的法则，电闪雷鸣，长空万里，自强不息。这是男人的命运，他的使命是自强不息。坤卦指的女人，坤者顺也，地势坤，君子以厚德载物。因此，厚德载物就是女性的宗旨、使命和精神。清华大学的校训就是自强不息、厚德载物。

我们古人很聪明地把男人和女人比喻成天和地，现在请大家想一想：天和地到底谁重要啊？谁也离不开谁。失去地，天就没有意义；失去天，地也没有了折腾。

厚德载物，大家想一想大地，大地的功能很多很多，其中有很重要的一个功能是藏污纳垢。多么脏的东西，多么污秽的东西，放到哪里人人都觉得的是垃圾。

放到大地上，大地首先接纳它，然后腐化它，再次化育它，最后使它成为有用的东西，最差也是肥料啊，还是腐殖质啊。多么腐烂的东西，多么污秽的东西，在大地上都能得到重生，这就是大地在大自然中不可取代的作用。

天行吗？天不行。所以，《易经》当中的坤卦对女性给予了高度的评价。

现在我们在谈男女平等时，不要把男女看成两极，不是你高就是我高，没有意义。它有个自然的法则，中国的古人就依靠自然的法则，很好地保持了中华民族家庭和谐的优秀传统。

现在我们的历史断代工程基本上断定中华民族三千年有文字的历史，再往上推，现在正在研究五千年。

我们说，中国最少也有上万年，就是因为产生文字之前还有若干若干年，中国社会并不都是处在苦难当中，也不是都处在战乱之中。虽然全世界全人类的统计，可能有史以来和平的时间不超过一年，是二百九十九天，但是中国安定的时间还是有很多。

所以，在中国历史上南宋以前男女的地位是遵循着自然的分工，大体和谐地保持这个关系。社会分工也是自然形成的，性别的尊严也是通过这些分工来体现的，我们民族的发展是通过这些分工来实现的。这些论点我们都有一些证据。

我刚才说了，任何一个民族的发展都离不开伟大的女性。母系社会，大家学历史都知道。

现在世界上还有母系社会，保持得比较完好的就是从马来西亚到印度尼西亚中间过渡的几个岛，还是母系社会。我感到在一个和谐的社会当中，女性至上和男性至上都不应该，还是应该像乾坤一样，有一个自然的地位。

中国历史上有三位很杰出的女性，大家可能不太知道，2009年我在烟台就讲过。历史上有一个很著名的周文王，周文王的父亲叫季历，季历的父亲是古公檀父。

周文王的爷爷、周文王的父亲、周文王三个人都各得到了一个很好的妻子：太姜、太任、太姒。

由于周文王的奶奶太好了，所以教育了周文王的父亲并使其成为一个非常杰出的人；由于周文王的母亲太好了，就把周文王培育成了中国历史上圣贤一级的人物。

历史上这三位伟大的女人，因为名字当中都有“太”字，所以称为“三太”。丈夫对妻子很尊敬的称呼是“我的太太”，就由此而来。我给大家写了一首诗，第一句就是“三太母仪万世风”。这里的“风”当动词讲，千秋万代都铭记中国伟大的“三太”的风范和懿德。

所以，即便是在古代社会，我们的民族从来没把女性放到一个可有可无的位置上。后来历史上又出现了“孟母”、“岳母”等一大批可圈可点的母亲。

在那个阶段，中国社会基本上是保持着男耕女织的状态。这是一个很有诗意的生活画面，没有出现一些争执：到底是男性地位高，还是女性地位高。这一点从婚嫁、生育这些领域都可以看得出来。

在唐朝以前，女性改嫁，地位不减。这一点即便在今天也很难做到。男性再婚，往往能找到一个比原来妻子更年轻、更漂亮的；而女性再婚，这个概率就比较小。

这是社会的一种偏见，认为女人再婚，身价就下降了。但在唐朝以前，并不是这样。

历史上不少皇妃在入宫之前都已为妇为母，许多很著名的公主也经历过几次婚姻。皇家都这样，平民百姓中还会少吗？四川著名的司马相如和卓文君不也是这种情况吗？

汉赋当中有很著名的一首赋，大概意思是：一个男子离婚几年后在山上遇到他的前妻。那时候男女之间的关系很开明，用今天的话说，不是夫妻还是朋友。

他的前妻问他：“你的新娘怎么样？你们生活如何？”

这个男子对他前妻说实话：“从各个方面来看，新妻不如旧。”

他后悔了。这种平等的对话在今天也不容易，真的离了婚再成为朋友的不是很多，不是很普遍。

老百姓说“打离婚”，不打怎么能离婚，离了婚就成了仇家了，再也不想看到对方了，提都不要提了。

在古代的时候不是这样。大家想一想：在唐朝时，太平公主嫁了好几个丈夫；汉朝的时候，卫青的妻子也是一个寡妇。寡妇再找一个人，很可能还能再找一个地位很高的人，社会对再婚女性一点儿偏见都没有。唐朝的驸马柴绍和他的妻子一块儿守着山西的一个重要的关口，这个关口后来称为“娘子关”，就是由柴绍的妻子命名的。

从另外一个方面也可以推断当时女性社会地位的高低，那就是读书学习。

在上层社会，汉和帝的皇后邓绥六岁就能读史书，十二岁就精通了《诗经》和《论语》，并且可以与兄弟们讨论儒学经传中的学术问题。入宫后邓绥仍然努力不辍，跟随中国历史上著名的女性学者班昭（曹大家）继续学习经书、天文和算学。邓绥在学习中发现不少书简中都有文字错误，她为此专门指定一个班子进行整理。

至于班昭，那更是驰名中外的大学者。班昭的哥哥班固著《汉书》，临终前尚有八表和《天文志》没完成，班昭就接过来续撰，班昭于是带领自己的学生完成了撰写任务。班昭的著名作品有十六篇留传后世，成就巨大。班昭一生授徒众多，其中最著名的是马融。马融后来也设帐授徒，培养了郑玄那样的大师。

班昭多次被皇帝召入宫中，让皇后和其他嫔妃向她学习，号曰“大家”。班昭的小姑子曹丰生也是才女，曾与嫂嫂班昭就《女诫》中的某些内容提出商榷，并且“辞有可观”，很有文采。

除了上述几位杰出女性外，马融的女儿马芝、荀爽的女儿荀采等都聪敏有才艺。因此汉代曾出现过不止一个由女性组成的文化群体。

在平民阶层，凡是升平的时代都会产生学习的氛围，所以历代民间都不乏识文断字的姐妹。

《后汉书》中有记载，吴人许昇之妻吕荣屡屡劝夫“修学”，沛人刘长卿的妻子随口即诵《诗经》，皇甫规的妻子善书法，丈夫发迹后曾为丈夫起草文书。如此事例不胜枚举。

这就说明在历史上女性的地位是很高的，一直到了北宋。北宋是大家容易忽视的一个历史时期。

在北宋时期，中国在世界上是最富裕的，那个时候我们的经济总量（就是今天的GDP）占全人类的一半。北宋非常繁荣，虽然版图不大，但很富有。富有导致了一个问题，官员膨胀。北宋是官员最多的一个朝代。

当然，做官的由于古代的科举制度越来越成熟，女的很少，都是男性。即便男性做了官，成为社会的中心，但是女性一点儿也不示弱。著名的典故“河东狮吼”大家都知道。“狮吼”形容女性很厉害，像狮子一样大吼，这出自苏东坡取笑朋友的一首诗。

当时，苏东坡的朋友已经是知府级别了，属于高官行列，平常耀武扬威，自我感觉良好，“忽闻河东狮子吼，拄杖落地心茫然”。忽然，他老婆大喝一声，他把拐杖都掉地上了，一脸茫然，不知所措，吓呆了。

这虽然是个特例，可是这样想，如果女性的地位不高，何至于把丈夫吓得一脸茫然。因此，在那一段漫长的历史年代中，中国的女性和男性由于没有这种意识形态上的敏感，所以那种关系我认为是诗情画意的。

这个局面到南宋就开始有了转变，理学的出现结束了女性、男性之间这种诗情画意的局面，开始在强化皇权的同时强化父权，提出了著名的“三从”、“四德”。“三从”指在家从父，出嫁从夫，夫死从子。

总而言之，只要是个男人就比女人地位高。“三从”从政治上断送了女权、女性地位和女性尊严，从此中国的宗法社会就彻头彻尾地实现了以男性为中心。

这样一来女性的命运就产生了变化，由社会的一半变成了附庸和工具。工具就是指生孩子的工具、干活的工具。附庸就是指没有独立的地位，如果没有男人在身旁，一个女人在外面走的话，官府可以把她抓起来。

一个女人在外面走什么，你没有独立的人格，你是个什么人啊？如果领着个三岁的小男孩，她也有个依傍，有个依靠，这就是她的靠山，女性彻底地沦为附庸。

所以，那个时候的男女关系开始不平等，产生了休妻，不用离婚，也不用征得女性的同意。男人不想要你，就可以找个理由，一共有“七出”，有七个理由可以休妻，包括不事舅姑、淫逸、不会干活、无出、嫉妒、盗窃、恶疾，都可以休妻，一纸休书就可以。如果你生不出儿子，就可以明正言顺地再娶，谁生了儿子，谁就为大。

这样的婚姻状况大家应该有一些了解。比如说，有一种说法叫做“两头大”。“两头大”不是指在几千里之外又包了一个“二奶”，互相瞒着，不是这样。

假设兄弟两个只有一个儿子，这个儿子成人后要结婚的时候，要分别在他父亲和他叔叔家各置一室。

为什么呢？因为他叔叔的家业也要有人继承，要顶起门户，只能男的顶门户，女的顶不起来

。所以，他在他父亲这边娶的媳妇生的孩子，他的父亲就是这个孩子的爷爷，在他叔叔这边娶的媳妇生的孩子，他的叔叔就是这个孩子的爷爷。这样就是一门顶两户。

在宗法社会，要传宗接代，一门顶两户、一门顶三户这种情况是很普遍的。这样，女性的地位就跌到底点，彻底地成为一种工具、一种附庸。在上层社会就把女性当做一种工具、一个宠物一样，可以随

便赠送，可以随便改变她的命运，不用经过她的同意。包括妇女缠足等这些陋习，都是在这种情况下出现的。

唐宋以后是中国君主专制制度从成熟走向固化的阶段，婚姻制度也随之相对固定下来。上自天子、下到庶民，一夫多妻制度和女性的附属角色成为当时的社会共识。

那时的皇帝，拥有俗称三宫六院七十二妃，但实际上不止这么多。从规矩上讲，凡后宫的女性只要不悖血亲人伦，都有可能成为皇帝的女人。

大家知道那时候科学技术不发达，人类虽然发现近亲不能结婚，但近亲的范围又划得很小，像姑表、姨表这些表亲的兄弟姐妹都是可以通婚的。

诗文中常把公婆称为舅姑，其实很可能新娘的公公就是她的舅舅，她是嫁回到姥姥家，和舅舅家的表哥表弟成了夫妻。也可能新娘的婆婆其实就是她的姑姑或者是姨妈，她也是与姑家或姨家的表兄弟结合到一起。这就是古代诗文中的“三日堂前拜舅姑”的来历。

这样一来，皇帝对女性的选择就几乎没有什么限制了，所以有的朝代后宫佳丽超过万人。成千上万的青春女性就被锁在这高墙大院中，在凄冷和孤独中度过一生。

“白头宫女说玄宗”是一幅浸满泪水和屈辱的女性命运图。她们伺候了皇帝一辈子，到老连名分也没有，没有进入体制和没有为皇帝生育的女性很可能一辈子没有名分，很可能做一辈子宫女。

唐宋后皇帝的配偶有规定，皇后以下还有十八级，共九品，即：

1. 妃：惠妃、淑妃、德妃、贤妃，亦可称“×贵妃”，如德贵妃。

2. 昭：昭仪、昭容、昭媛。

3. 修：修仪、修容、修媛。

4. 充：充仪、充容、充媛。

5. 婕妤：婕妤。

6. 美人。

7. 才人。

8. 宝林。

9. 采女。

每一个品级对人数的限定并不严格，特别是婕妤以下，每一个品级可以同时有好多女性，只要皇帝高兴，可以“群封”。

至于在民间，妻妾成群是富人家的普遍现象。如果是穷人，那就视自己的条件而定，原则上允许纳妾，特别是妻无出的情况下。有不少妻子因为自己无出或没生男孩，就积极张罗着为丈夫纳妾，这被礼数视为贤惠。

也有悍妻不能容忍丈夫纳妾，但允许丈夫“租妻”，也就是阶段性租一个临时女人，生了孩子后结束这种关系。租妻的对象是已婚女性，有强壮身体和较强的生育能力，一般家境贫困，为解困丈夫只好把妻子“典”出去。俗话说“典老婆卖孩子”，典就是把妻子租出去。

这样的情况历经了元、明、清，在这几百年接近一千年的时间中，是中国女性历史上最黑暗的一个历史时期。正因为对女性的摧残和压迫这样的惨烈，所以在五四运动，西方的一些科学、民主和女权思想进入中国以后，反弹的力量才那么大，社会把女性地位的提高、女权的张扬看成是社会解放的一个重要标志。

女人可以上学，可以男女同校，可以找工作，所以争女权、争平等成为女性运动的主流。女性的地位也正是在这一个抗争的潮流和某些领域失去分寸的张扬这个过程当中出现了误读。

二、女性地位的现实误读

多少年以来，人们片面地理解了毛泽东同志的一句话：“时代不同了，男女都一样，男同志能做到的事女同志也做得到。”实际上，很多情况下这是一种误读，但这种误读毕竟变成了社会现实。

真实情况是男和女还是存在区别的。你可以笼统地说，是生理的区别。这些区别可以落实到每一个具体的表现和行为当中。比如说眼睛。

实际上人类学家、生理学家经过分析以后发现，男女的眼睛是不一样的。眼睛看东西就是一个光学原理。女性的视野是一个广角镜头，跟照相一样，看得很广。而男性是一个很窄的、胡同型的，是直的。如果不注意到这一点，就会产生误会。

两个人在街上走，男人要对女人表现出一种好感，要引起注意。在初期交往阶段，女人比较矜持，这个男人的心理就很不平衡，你看你连看都不看我一眼。实际上女人什么都看见了，她是广角镜头，用余光都看见了，不过男人用男人的眼光来衡量，她就是没看我，因此他的心理产生落差、不平衡了。

在交往当中，男性是用视觉来交往，女性善于用听觉来交往，她可以不看你，但她在听你说些什么。很多男性就不了解这一点，两个人的做法和要求就产生了矛盾、争执。视觉是很有意思的，刚才我说的是没结婚的。

结了婚的男人如果做一些什么小动作，做什么私事，他瞒不过他妻子的眼睛。他自认为做得非常好，偷偷地从这屋跑到那屋，其实他妻子早就看见了。这就是互相不了解，这就是生理的差别。男性和女性的区别表现在行为和方式的每一个领域，不了解这些区别，用统一的标准来要求她，就产生对女性命运的误读。

这种误读有一个名字叫功能性误读。把女性的功能放大到跟男性一样，而无视男女性别、生理上的差别，对女性提出了过高的要求，超负荷的要求，这是不科学的。

有这样一个真实的事例：战争时期，我们的队伍取得了一次大战役胜利后，本来要休整，已经是11月下旬，但为了另一个战役需要马上调动，不让休整了，要进关。在进关以前要过一条河，这条河七百米宽，很浅，水深达膝盖。关外冬天的河水还没有零度，但也接近于零度，很多女战士也是挽挽裤腿就过去了，有的连裤腿都没挽。七百米宽的河水，要蹚很长的时间。

大家知道没有上冻的水对人的损害是最大的。大家学自然课都知道，水的比重在4℃是最大的，也就是说在4℃的时候流动得最缓慢。人的血液百分之七十多都是水，所以到4℃的时候人们的血液流动也很慢，这就是接近上冻的时候我们感觉到最冷、最怕冷的时候。真正上了冻，摄氏零下十几度，冬天不难过，就是将要冷的时候最难过。

立春后冻人不冻水，水已经化开了，那时候人是最怕冻的，也是因为在这个温度上下。七百米宽的河倒下了七百名女战士，所以这个数字我记得很清楚，两个“700”。有的就瘫痪了，身体好的月经没有了，终生不能生育了。

这一个军当时叫纵队，这七百名女战士失去了战斗和工作的能力。据说在渡河之前政治部作了一次动员，强调女性和男性在战争当中的义务是一样的，男同志能做到的女战士一定要做到，结果出现了这样的悲剧。当时参军的都是二十多岁的女孩子，一生最好的年华被这七百米的河水夺去了。这就是很典型的对女性解放运动作了功能性的误解。

1975年，“文化大革命”快结束时，有一场政治运动叫做“评水浒、批宋江”，高潮是在冬天。那时候每到冬天，农村就大造农田，像胶东的围海造田，砍了果树造田。我那个时候参加一个工作队，很年轻，就专门利用休息时间讲《水浒传》，就在某一个村里。

那个村里要求把海拔多少米以下的果树全部砍掉，都搞成大寨田。整个冬天有四十来天我都在那里。那时候我也年轻，村里的男女青年都是我的朋友。当时学大寨，这些女孩子都编入了铁姑娘队，一天干十六个小时的活儿，凌晨四点就出工，到晚上八点才收工。在地里吃饭，一天吃三顿，吃冻得冰冷的很硬的饼子。很多家庭在那时连暖水瓶都没有。这些姑娘早晨起来连一口热水也喝不上就上工，月经期也不休息，和男青年比赛推泰山车，车子垒得跟泰山一样高，挑担子一点儿也不落后。

1987年夏天，我在一所高校给毕业生作报告，作报告以后有人邀请我到原来的这个村子里去，我很高兴。因为那个时候我在机关工作，我作为一个优秀的毕业生回来给毕业生作报告，对曾经一起工作过的农民有很深的感情，因为有那么一段经历，我就去了。去了以后大家都很高兴，当时的团支部书记已经成了村里的党支部书记，把当时的人召集到一块儿，但是有好几位女同志没来。一直到晚上，我挨家挨户地去看她们。就是因为那几年繁重的超负荷的劳动，她们有的患了类风湿，有的腰椎间盘突出，有的腿不能动，一共有五六个，只有一个人结婚了，其余的都没结婚。二十来岁就落下了那样的病，我的好心情一下就没有了。

所以，不管什么制度，不管什么条件的生活，对女性作功能性的阐释和要求会给我们的民族带来灾难。

我不愿意评价女性干部的多少是否写入了文件，是否在会上强调。我觉得评价这些是一个制度保障，那不是我们的事情。我只感觉女性地位的提高应该表现在以下地方：

第一，女性的尊严得到全社会的尊重，有自己的人格尊严。不是几个男人一商量就能把女性的命运决定了，不是我花多少钱就把那个女人买来了。

第二，女性就业也好，不就业也好，回到家庭也好，走向社会也好，都不是一个最终的标准，最终的标准我认为是女性有选择的自由。我愿意去社会上找工作就去找工作，我不愿意找工作就可以不去；我愿意回到厨房，就可以回到厨房；我愿意在家相夫教子，就在家里。社会保障真正跟着妇女的自由走的时候，女性的权益就得到了保障。女性愿意回家，社会保障就跟到家；女性愿意走向社会，社会保障也走向社会。

因此，社会的保障跟着女性的自由走，这就是最大的妇女解放。什么时候女性有了选择的自由，这就是女性彻底解放了。

三、女性地位的未来愿景

通过这段对历史的回忆和对现实的解读，我们能不能很形象地把女性的命运画出一个形状呢？通过这个形状我们可以预测一下，或许我们可以把我们的理想社会当中和谐社会女性的命运勾勒出来。

我先用一条直线来表示在漫长的中国历史上的一个阶段，女性的命运和男性是平等的、一样的，是共同前进的。但到后来，女性的地位就弱了，在最底层经过了几百年，渐渐地，新的社会制度建立了，女性的地位提上来了。

我感觉到中国女性的命运现在就在这个点上，往哪个方向走还不知道，有N个方向，有N种可能。研究女性运动的人有很大一部分是女权主义者。女权主义者她们的基本目的就是压倒男性，让女性来主宰这个社会，女性地位至高无上。

还有一部分人主张女性要退回家庭。我不认为退回家庭这个命题不对，有些女性退回家庭也许会很好，但是提出这个命题和用来论证这个命题的理由是不充分的，这是一些男权至上主义者。男人要推卸责任，不负责任，把女性赶回家去了，就可以了，这样女性地位就渐渐往下走。这几个箭头指向不同的方向，代表不同的主张和实践。道路可以设计很多，但大体上不外乎上、中、下三等。

希望我们中华民族通过对男女性别的把握认识，通过自然地调适、通过法制的健全和社会伦理道德大厦的改良，摸索一种很合适男女相处的模式。

当然，这种模式只是一种原则，每家每户每一个人都面临着不一样的对象，但是如果超越了“你压倒我，我压倒你”这种意识的话，出现第三种思维，像前面讲的两个标准：一个是女性的尊严，另一个是女性选择的自由。如果得到了实现，这就是我心目当中女性地位的愿景，我希望能够产生这样一种局面。这是一个共赢的局面，不是以牺牲一方为代价的局面，应该是我们人类比较理想的一个局面。

附：从称谓看男女地位的变化

称谓者自古有之，观称谓，一可知双方地位；二可代表双方的文化修养，因而在一定程度上也反映了称呼者的素质。

夫妻之间的称谓自古至今变化比较大，梳理一下变化的脉络，可以获得很多信息。

1.良人。古时称丈夫为良人，“妾家高楼连苑起，良人持戟明光星。”反之，丈夫也称妻为良人，这反映了彼此男女地位平等，略显客气，敬多于亲。

2.糟糠，古代穷人吃的酒糟、米糠等粗劣食物。同时借指妻子，“贫贱之交不可忘，糟糠之妻不下堂”。

3.拙荆，原本是一种灌木。古代又称楚，用来做刑仗，鞭打犯人。荆在古代还用于制作妇女的发钗，称为“荆钗”。后来逐渐演变成谦称自己妻子的称呼，“荆室”“拙荆”或简称为“荆”。

4.贱内，带有明显的蔑视色彩，反映了我国古代妇女地位的低下。有时女子自称的时候也用“贱妾”等“谦词”。都是夫权社会毒害的结果。

5.执帚，意思是在家里做家务的人。可见妻子在古代社会家庭中的从居地位。

6.郎。专门指丈夫，亲切有情。“刘郎已恨蓬山远”“郎骑竹马来”“问郎花好侬颜好”，诗画情意尽在其中。

7.郎君。由单音节变为双音节，朗朗上口，又亲又雅。

8.官人。宋代及以后的称呼，男人的地位在微妙地提升。宫廷中出观“官家”，民间出现“官人”。官，即管，证明家庭人际平等关系开始倾斜。

9.老爷。家用官称，男人确定统治地位，妻子自降辈分，与孩子的称呼一致。例如，把丈夫的弟弟称为叔叔等。

10.相公。比官人更高一级，由官拜相。虽然民间无此意识，但夫权达到顶点。

11.先生。先生本指学识与年庚俱高之人。拿来称丈夫，文雅中带有仰慕尊荣。迄今为止，先生、太太是最佳、最得体的称呼。

12.爱人。新文化运动后革命队伍内的新称呼，新中国成立以后被广泛使用。语出郭沫若的诗剧《湘累》：“九嶷山的白云哟，有聚有消，洞庭湖的流水哟，有波有潮；我的爱人吻，你什么时候回来！”

海外华人拒用“爱人”，因为“lover”是情人之意，日文中爱人也指情人。

13.男人。最有归属感的叫法。传统文化中结婚叫“成人”。互相长成了对方的男人和女人。可惜流传于市井、乡村间，口语化难入史书。

14.老公。原指被阉的太监，由港粤传来，与老婆相对，亲昵而粗俗。初入爱河者有新奇感。

第二节　女性领袖的素质

在前一话题当中，我谈到了女性的尊严，我把她放在第一位。但是我想提醒大家的是，尊严只能依靠自己的素质来支撑。尊严不是别人给的，只依靠政府制定文件，只依靠干部队伍中女性的增加，不能彻底解决问题。对于每一位女性来说，她的尊严需要其本身的素质来支撑。因此，女性自身的素质是非常重要的，要具备这个素质，就向我们提出了一个很严肃的问题，那就是学习。我曾经剖析了一种社会现象，年龄很般配的一对夫妻，为什么多年以后生活得越久男性的地位越高（只是一般的规律，不是全部的）。女性谈恋爱以前高高在上，男性哄着她。结婚以后就不是这样了，在若干年以后，孩子很大了，地位发生了彻底的变化，男性从奴隶到将军，这个过程完成了。女性的地位就低了，扭也扭不过来。

除了社会的原因、家庭的原因之外，我发现了这样一个规律，这就又说到男女有别了。男性心智成熟得比较晚，女性成熟得比较早，我的书上也谈到从养生的角度来谈。在《皇帝内经》当中，女性的成长是以七年为一个单位的。七岁的时候就进入了少年，女子十四岁时“天癸至”，也就是开始来月经，证明能够生小孩了，有生小孩的条件了。古诗中有“袅袅婷婷十三余，豆蔻梢头二月初”，形容少女将熟未熟的青苹果阶段。为什么是十三岁而不是十四岁？因为十四岁就迈过了性成熟的门槛了。古人很死板，不晓得各人情况不一样，发育也有早晚。三个七岁也就是二十一岁后进入最佳生育期，各项生理指标达到最高。这个阶段的女性是一生中最漂亮的时段，也是一生当中精力最旺盛的时候。以前的时候，二十八岁的时候生殖任务就完成了，两三个孩子、三四个孩子已经有了。五七三十五，开始走下坡路了。实际上根据阴阳互生的观点就是，二十八岁最强壮的时候就开始走下坡路了，到三十五岁开始气血亏，生殖细胞在下降，细胞分裂的速度也在下降，生命的能力在降低。有一种说法叫“黄脸婆”，“黄脸婆”就从这个时候开始了。为什么女人黄脸，为什么男人不黄脸呢？因为根据中医的观点，男人是气虚，女人是血虚。气虚的临床表现是没有劲儿，血虚的临床表现是没有色，所以称“黄脸婆”。到七七四十九，女性就绝经了，就到了更年期。男性以八年为单位，“二八”龙阳出城，就是说可以生孩子了。“三八”进入最好生育期，“四八”是一生最强健的时候，男人生命的高峰在三十二岁。到“八八”，六十四岁以后生命开始丧失活力。

大家算一算，六十四岁男性就失去地位了，女性是四十九岁，相差了十五岁。女性具备生殖能力是十四岁，男性具备生殖能力是十六岁，相差了两岁。这以前的差和以后的差加起来是十七岁，十七岁被二一平均是八点五岁。所以，就心理成熟的平均值来说，男比女大八点五岁，两个人的心智水平是相当的。如果是这个年龄差距生孩子，可能是比较理想的。因为孩子的心智遗传于男性，男性大了八九岁，甚至十来岁，心智比较成熟。孩子的体质遗传于母亲，母亲年轻身体就好，女性的年龄越大，生孩子遗传疾病的概率越大。我们从这个结论来分析为什么男人从奴隶到将军，为什么女人从公主到仆人。结婚时一般都是年龄相当，我们说的相当于零至三岁之间，这样女性到最光辉、灿烂的时候结婚了，这个时候男人心智还没有完全成熟起来，或是说没有达到峰值。若干年以后，当男性达到峰值以后，女性就已经开始走下坡路了。这样就形成了一个剪刀差，男性越往上，女性越往下，差距越来越大，男性就从奴隶上升到将军，这就是婚姻普遍出现的情况。

因为人类是能够自然选择的，于是出现了甲女丁男的这个规律。人类要调谐，就是找对象的时候，要考虑到双方综合的评价和条件。评价的结果就是，最好、最优秀的女性和最差的男性，即甲女和丁男都剩下了。北京现在三十至四十九岁没有结婚的或是婚姻破裂没有再嫁的，我们称为“剩女”，有几十万，成为一个社会问题。当然又回到那句话，有人说这是我自己选择的，我不愿意结婚，我不愿意生孩子，那是你的自由。但是很多人并不是这样，她愿意结婚，但是找不到合适的，所以发展成一个社会问题。传统文明当中包含着多么深厚的人文元素，包含了非常丰厚的社会和谐的元素，放弃了这种教育，就会使这一代人心理上、认识上产生了偏差，导致社会问题。出现这些问题怨谁啊，当然有社会教育的缺失，这是一个责任，转一圈回来以后，还得从自己身上找原因。

我感觉到女性自身的素质要可持续性地提高，这是贯穿一生的话题。衡量男性和女性的标准也不一样，女性一生当中都有一个光彩照人的时段，有的人可能是在十七八岁，有的人是在二十来岁，但一生当中总有这个时段。刚刚去世不久的导演谢晋，导演了很多著名的影片，在中国电影史上他是有自己的地位的。大家也发现一个规律，谢晋每一部电影都能成就一个女明星，包括《青春之歌》中演林道静的谢芳、《红色娘子军》中演琼花的祝希娟，等等。有人问谢晋导演：为什么您的电影取得这么好的成就，一部电影就能成就一个女明星。像祝希娟，好像形象上不是特别抢眼，但演了《红色娘子军》就得了“百花奖”。谢晋说：“我善于观察女孩子，每一个女孩子一生当中总有那么一两年是光彩照人的。我就在这个阶段把她找来，把她培养成演员，因为这是把她一生当中最好的时刻呈现给世人，她一定能成名。”但男性不是这样，男性在外在条件上没有这个阶段。成长中的小伙子是很难看的，初中高年级和高中的男孩子，很多小伙子怎么打扮也不行，他的气质、表情和身架都不好，但是男性终生都在积累自己的智慧、心智。所以，世界给予男人的永远是成熟之美，给予女人的是人人都有一段风采、漂亮的时段。男性一生是不知不觉在积累，由不成熟走向成熟，由偏执走向圆容，是步步向上的。但女性在生理上有一个光彩照人的阶段，这个阶段过去以后，在外在的形象上走下坡路。聪明的女性把握了这个规律，加强自身的修养。二十岁的时候是漂亮，三十岁的时候是风韵，四十岁的时候是成熟，五十岁的时候是智慧，六十岁的时候是仪表，七十岁以上还有风度。

所以，女人由漂亮到美丽，有终生的道路可走，有很大的发展空间，但这不是容易的事。社会赋予女性的使命比男性要繁重得多，因为女性一生有两大任务：第一个任务是人口再生产的唯一资源。人类要繁衍，离不开女人，女人是人口再生产的动力。第二个任务，是社会生产再分配当中的重要力量之一，起码是和男性平分江山的。所以相比较来说，女性的使命更为繁重。为了完成这些使命，她们需要终生学习，需要修炼，需要提升自己的素质。

一、女性领袖的领导力构成

既然是女性领袖，就不能排除和远离政治，更不能厌恶政治，下属可以单纯，但领袖要有政治头脑。提到政治，大家可能很少想这个概念，政治在很多人的嘴里是黑暗的，是无情的。也有很多人挂在嘴上的就是，“我对当官没兴趣，为什么做这个，我有专业，我有兴趣，我不如发展自己的事业”。我感觉这些话有很多人说是言不由衷的。占人类人口一半的是女性，大家认为女性领袖是女性当中的优秀分子，在其位、谋其政、倡其言，干什么就说什么。你是女性领袖，你就要真正的把政治看做社会体系、社会体制当中最高端的部分。政治是很崇高的，是很圣洁的，政治素质是一个女性领袖最重要的素质，具有奠基意义的重要素质。如果没有政治素质，那么女性领袖做的就没有质量，没有品位，没有经得住历史风雨冲刷的政绩。

现在大家对政治的冷漠也情有可原，我把它归结为这么多年以来，我们在政治教育、意识形态教育和宣传这方面我们并没有做得很实在。大家听许多领导讲话都是一样的，都是念文件，不是心里话，而是空话、大话、套话，连篇累牍。时间长了，大家就有一种冷淡甚至逆反的心理。作为女性领袖，如果仅仅是背诵中央文件上的那些话，我认为是学得不成功的，这样的政治素质是不高的。

我不知道大家是否认真地读过《邓小平文选》，里面的篇幅都不长，有时候看似随口一说，但是言简意深，高屋建瓴。其实，邓小平理论就两个字，一个是“猫”，一个是“摸”。“猫”论，不管白猫黑猫能抓住老鼠就是好猫，这句话脱胎于蒲松龄的《聊斋志异》：黄狸黑狸，得鼠者雄。狸就是猫，后来社会上流行“猫”论。实际上是建立了一个颠扑不灭的生产力标准。多么实在的一句话！不管你说得再好听，你抓不住老鼠能算什么好猫呢。谁敢说这句话，以前没有人敢说，所以他在全国人民心目中树立了一个牢不可破的生产力的标准，干出来再说。大家当女性领袖，说得好听是一个方面，重要的是你干出什么来了。当树立了生产力标准以后，确实人类历史上、共产主义运动史上没有人能干出一个先例来。大家怎么干，摸着石头过河，这个就是“摸”。从这两个字开始升华出来，我觉得你就抓住了邓小平理论最实在的部分，即建设一个什么样的社会主义。

我记得当时他提这个口号：一部分人先富起来，农村实行包产到户。很多人是不理解的。我当时在大学里面，那时候很多大学生都是已婚的，妻子在家里或是丈夫在家里，如果分田到户就没人干活，有人激烈地反对。几年下来，大家就知道了，在烟台大家一年就知道了。烟台很特殊，全国土地都分了但烟台不分。不知道大家是否知道这段历史。当时，就烟台而言，有人觉得集体经济基础好，不能再回到老路。1984年，一位中央领导山东视察，到了现在牟平区的一个村，找到书记，这个书记说：“胶东的土地不能分。胶东是老革命根据地，群众政治觉悟高，集体经济的基础好，集体经济已经形成规模了，现在一个劳动日挣一块钱。”结论就是胶东的土地不能分。但是，一年之后大家发现还是不好。邓小平同志当初提出“让一部分先富起来”时，很多领导层的人也不理解，因为社会主义的基本原则是共同致富。邓小平同志苦口婆心地解释后，指出一百年不变，必须得这样。在这个时候，世界上发生了一个重大的事情，帮助了很多人从另一个角度理解了邓小平同志的良苦用心。

1982年发生了中东战争，大家知道以色列这个民族是苦难的犹太人在流亡世界一千多年以后，经历了第二次世界大战回到自己的老家，建立起来的国家，是联合国支持建立起来的。已经占据这个地方的阿拉伯民族不允许他们回来，所以以色列这个国家的周围是接近两个亿的敌人。以色列现在有六百万人，却有两亿的敌人，但就是这样六十多年以来也打不垮它，屹立在那儿。这个国家很了不起。当时与以色列作对的除了它的敌对国家以外，还有一个首当其冲的急前锋，就是阿拉法特领导的巴勒斯坦游击队。巴勒斯坦游击队得到国际军事力量的支持，是正规部队，战斗力很强。那一年，以色列决定要消灭他们。当时以色列的国防部长是沙龙，后来当了总理。沙龙是部队上从战士中走出来的国防部长，他领导打过的战争，大家听了会很惊奇。以色列是个沙漠国家，可利用的地形不多，沙龙那次动用了十三万军队。在以色列和黎巴嫩的连接线上，有联合国的维和部队在那里，有铁丝网，大门关着。这支维和部队的司令是美国少将，一个很重要的军官，时刻在监视着以色列和巴勒斯坦游击队的军事动向，利用先进的手段来监视。但他竟然没有发现十三万大军行军4天了，直到有一天一辆吉普车上下来一个以色列军官告诉他说：“十三分钟以后，请你打开大门，以色列的军队要经过这里。”这个维和部队的司令都气傻了，13分钟，已经差不多可以看见军队了，在他的眼皮底下行军三四天，任何先进手段都侦察不到，由此可以看出以色列军队的素质之高。没有办法，他只好打开大门，以色列军队就过去了。

那一次把巴勒斯坦游击队打败了，巴勒斯坦游击队重新走到了流亡的道路上。但这不是沙龙的目的，他的目的是要狠狠教训一下当年由苏联武装起来的叙利亚部队。叙利亚、伊拉克、科威特、约旦、埃及，这些包围着以色列的国家都是他的敌人，除约旦外以色列要一个一个地收拾。在这之前，伊拉克已经有了原子反应堆，以色列要消灭它。大家知道，以色列在西边，伊拉克在东边。以色列空军的素质有多高呢？在侦察好伊拉克的两个反应堆的位置之后，以色列的轰炸机开始飞越两个敌对国家。但飞越约旦上空如果被发现，高射炮、导弹就可以把轰炸机打下来，这些国家地对空的防空能力都很强。但以色列空军采用了一个非常危险的飞行方法，超低空超密集编队，距地面仅一百五十米，这是个死亡距离。一百五十米，百分之一秒就死了。超密集编队，三架飞机在雷达上显示的是一个大光点，没有发现是三架飞机。约旦的雷达问：“哪一个国家的飞机？说清楚，不然就攻击了。”以色列空军早就想好了，放了一段录音：“尊敬的先生，您在屏幕上看到的是泛美航空公司的运输机正在经过贵国的上空。”这样飞机顺利地通过了敌人的防区。当到达伊拉克机场原子反应堆前面的时候，太阳、飞机、反应堆的雷达正好在一条线上，在这之前已经计算好这一天是晴天，太阳这个时间有多高，在太阳和雷达之间，太阳耀眼的光把飞机遮住了，雷达不能发现，是个盲区。在这种情况下，以色列的轰炸机一个攻击波过去，伊拉克还没反应过来，第二个攻击波又下去了。两个攻击波后伊拉克的反应堆就消灭了。轰炸机已经回去了，雷达仍没有找到。这是一个奇迹。

攻打叙利亚的空军又是一个奇迹，叙利亚全部都是苏制武器。以色列的飞机很厉害，有F15、幻影等都是性能很好的飞机。叙利亚就布置了SM6导弹。SM6导弹是苏联当时最先进的地对空导弹，有六个连在贝卡谷地部署，只要飞机过来就发射导弹。但导弹的制导是雷达，苏军的指挥体系是集中的，是雷达来制导。以色列多次想轰炸这个导弹基地，都不成功。最后采取一个办法，算准了这一天在阵地上有一片乌云，大批的轰炸机隐藏在乌云后面，飞来一架无人侦察机，反空阵地一发现过来以色列的飞机马上雷达就开了。一经锁定以后，导弹就开始发射，瞬间就把飞机击落了。实际上这是架无人侦察机。当雷达一开，侦察机通过光束马上把相应的参数飞快地传回到藏在云层后的以色列的飞机，通过电脑计算，马上计算出轰炸的具体参数。SM6导弹把飞机打成碎片后发现，都是塑料，无人驾驶，他们发现上当了，这时下令关机。但关机也没有用，因为以色列的轰炸机已经把有关的参数都锁定了。再开机，因为以色列飞机上的机载导弹是空对地导弹，也是制导的，一开机就有光波，就会顺着光波打，如果关机，就变成瞎子，也会打你。所以很快，叙利亚六个SM6导弹连全军覆灭。这时候叙利亚又派空军参战，叙利亚的空军是苏制米格系列的，速率很高，性能先进。但以色列也有准备，轰炸机以后就是战斗机编队，叙利亚的空军飞过来的时候以色列的空军就迎上去了，结果打了60∶0，消灭了叙利亚六十架飞机，以色列没有损伤。第二天又打，55∶1。两天把叙利亚的空军的主要战斗力全部消灭了，显示了以色列空军高超的战斗素质。

这场战争震惊了世界，被称为“未来的战争”——电子战，不是常规战争。这场战争让中国的军界开了眼，战争原来可以这样打。我们在朝鲜战争和中越战争后几乎没有战争，未来的电子战原来是这样。以色列这么小的国家如此强悍，狂风一样横扫了中东大地。由此得出一个结论：一个国家空军的战斗力存在于少数的尖子飞行员当中。两个国家战争中几百架飞机在空中，谁的素质好谁消灭对方就多，第二次世界大战中有个统计，消灭对方百分之八十飞机的是占飞行员总数不到百分之二十的优秀飞行员。也就是说，一个空军的主要战斗力就在这百分之二十的飞行员当中，其余百分之八十的威力不及这百分之二十。后来形成一个“二八”定理：一支部队当中只要有百分之二十的尖子，这支部队的战斗力就超过全员的理论计算；一个国家百分之二十的人掌握着国家百分之八十的财富，这个国家就进入了发达国家，这就是今天的美国、日本。

邓小平同志就此做文章，他这时说没有强大的国民经济财力，是对付不了这种现代化的战争的。如果不让一部人先富起来，我们的整体国力就不强，共同富裕实际上是共同受穷，是穷过渡，是行不通的。要想使我们的国家尽快繁荣、强大，必须放开手脚，让一部分有能力、有魄力的先进分子迅速地富起来，我们的经济实力就能上去。三十年以后的今天，我们认识到这确实是一个颠扑不灭的真理。当然，收入的差距也出来了，在注重效率的同时，公平又成了问题。可是为什么说邓小平同志高瞻远瞩呢？他在这句话的后面还有一句话，“让一部人先富起来，然后走共同富裕的道路”。这就是邓小平同志的理论。所以，大家学习邓小平理论、以邓小平理论为指导要抓住这个理论的精髓。

邓小平同志旗帜鲜明地提出坚持四项基本原则，坚持改革开放，搞有中国特色的社会主义，并着重提出不改革开放就没有出路，但不坚持社会主义道路也要垮台。三十多年过去了，实践证明，只有社会主义制度才能救中国，只有改革开放才有出路。

2009年4月底，我跟随中央党校孙钱章先生到德州去调研，见到了吴翠云市长，吴翠云同志是目前山东省唯一的一位女市长。大家知道，德州原来是山东省的“北三区”，是最不发达的地区，经济非常落后，工业基础可以说谈不到。现在德州国民收入的百分之八十以上是民营经济。吴市长陪着我们看了皇明太阳能集团、亚太中央空调集团，还有一个亚洲最大的玉米制糖集团。在谈话当中，我感觉到吴翠云市长的综合素质非常高。德州这样一个落后的地区，它的GDP总量连烟台的一半都不到，烟台GDP上年超过三千亿元，跃居全省第二位，德州是很可怜的。但是在那种情况下，在经济发展最困难的冬天，德州的民营企业中没有一个工人下岗。这并不是在硬撑，而是政府采取了一系列的措施，比如，小额资金贷款。资金贷款有一个问题，到了期限必须先还款才能再贷款，还款以后再贷款这个空当，大部分小企业、中型企业是过不去的。这个坎儿如果过不去，企业就倒闭了。德州市政府出台了一个政策，政府筹集了八个亿资金专门为企业服务，用于填补资金空当，这样保证了全市中小企业没有因为资金链而出现问题。后来在谈到这个问题时，我对吴市长说，这就充分显示了社会主义制度的优越性。邓小平同志三十年以前说，社会主义能够救中国，在这里就得到了最好的体现。德州、滨州这些落后的地方现在发展得很快，吴翠云市长是从基层一步步干起来的，当行政主管不是第一次，但不管干什么都留下了很好的业绩和口碑。当我面对吴市长的时候，心中想的是女性的楷模，卓越的女性不一定从政，但各条战线正因为有了吴市长这样的女界领袖，才有了中国女性的骄傲和自豪。论职务，吴市长不是最高的，论财富，她更不是最富的，但她从事的工作、她对德州的发展表现出的深深的忧患意识震撼了我。这位女市长带着一个强大的主要以男性为主的班子，谁还会怀疑女性的伟大。

花木兰是历代被人们传诵的女性典范，她替父从军的故事成为古今美谈。这个故事说明女性也可以在沙场上建功立业，花木兰不仅和其他男性士兵一样经历了“朔气传金柝，寒光照铁衣。将军百战死，壮士十年归。”的戎马生涯，还可以从“可汗向所欲，木兰不用尚书郎”中看出，花木兰已经是一名将帅之才了。在我国古代，像花木兰这样的巾帼英雄不是孤立的；隋唐女侠红拂，大破天门阵的穆桂英，不惧权贵，英勇无双的陶三春，以及在北京西郊抗击英法联军的冯婉贞等都是我国历代女性的光辉形象。

我们从这个角度、从基层的角度理解邓小平理论，我感觉我们能够深入地掌握邓小平理论的主体和精髓，只有当一个理论被我们本质性地理解了以后，才能变为我们手中的武器，才能化为我们政治素质的一部分。邓小平同志的理论解决了一个建设什么样社会主义的问题，但还有一个问题摆在我们面前：建设一个什么样的党？我们的体制是共产党领导的，不管什么时候、不管在哪一个领域都要保持我们党的绝对领导。在这种情况下，党本身的建设就是一个问题，是很重要的不能回避的一个问题。以江泽民同志为核心的第三代领导集体就很好地解决了这个问题，而这个问题在国际共产主义运动当中是没有解决好的。

“三个代表”理论的提出，充分显示了中国共产党人和中华民族无与伦比的智慧。“十六大”是在2002年召开的，在这之前关于党建、党的组织很多问题都非常敏感。比如，吸收民营经济的业主入党。很多老同志不理解，“三个代表”理论当中的“代表先进的生产力”解释了这个问题。世界上任何一个先进的政党都得代表先进的生产力，如果不是代表先进的生产力，就失去了社会的支持，这就为扩大我们党的社会基础做了奠基。“代表先进的文化方向，代表人民的根本利益”。也就是说，中国共产党在自身的发展当中吸收了全人类的智慧，为扩大党的社会基础，优化、完善党的阶级基础，从理论上作了铺垫。这样“三个代表”理论就成为中国共产党党建理论的出发点，同时也成为党最终的奋斗目标，成为党的宗旨，最终还是为实现“三个代表”而奋斗，而努力。达到了“三个代表”，就能保证中国共产党健康地往前发展。“三个代表”这三句话看起来很普通，实际上是共产党人探索了这么多年，从理论上、实践上解决了共产主义运动当中一个不可回避而又不能解决的问题。

其实，马克思主义也好，列宁主义也好，从来就不是静止的教条，而是兼有共时的多元化和历时的与时俱进属性。我们要全面理解和正确运用马列主义，而不是死搬硬套一些具体的论断。刚允许办民营企业时工商局有一个规定：雇用工人不能超过七人，否则就是剥削。这实际上是马克思当年的界定。在二十世纪八十年代我们还竟然这样僵硬地规定民营企业规模，现在看来很可笑。这说明马列主义中国化很重要，与时俱进同样重要。

现在我们又搞科学发展观的学习，已经进入第二阶段。胡锦涛的表述是四句话：第一要义是发展，核心是以人为本，基本要求是全面协调可持续，根本方法是统筹兼顾。但是这样记很费劲，实际上科学发展观就记三句话：第一经济要发展；第二生活要提高；第三社会要和谐。这三句话就把科学发展观基本的精神都掌握了。如果大家都能够把科学发展观有关的理论变成自己的话，用自己的话表述出来，大家就容易接受。作为一个女性领导者，要有自己的审美意识，要体现自己的政治素质。当你把自己的个人生涯融进了共和国的大事业，当你是整体的一部分，你的女性特征是美丽的，你的人生也是绚烂的。

二、学习：女性的宿命

下面我们重点谈一下学习的问题。

会学习，首先要主动学习，就是要明白自己目前的现状是什么。不管是大学毕业、研究生毕业，还是别的学历，并不说明你掌握了多少知识，更不能说明有什么水平。一个人的成长有三个阶段：第一个阶段是学知识。知识是通过上学受教育、看书、听人讲话、与人交流掌握的知识。但是，光有知识没有用，拿了什么文凭，学了什么专业，书本上的知识没有用到生活中。孔子当时批评他的学生："诵诗三百，为政不达；使于四方，不能专对；虽多，亦奚以为？"你读了很多的书，让你做一件事你做不了，管理不了；让你出去办一件外交的事，你不能应对；这种能力，读书多了有什么用？所以，我们教育学生，知识要转化为能力。能力就是第二个阶段。人的成长一定要把知识转化为能力。现在我们教育有缺失，学生的基本能力很差。很多教育比较发达的地方开始注重孩子的动手能力，孩子要学会自理、自救、自强、自足，生活要自理。上初中的男孩子、女孩子要自己学学做饭，只要学都能学会。因为像我这个年龄的人以前在农村大概七八岁、十来岁，小孩都能自己做饭。现在不学不行，学了又仅满足于会了。前段时间北京举行了初中生能力比赛，烹任、炒菜，就发现一个问题，学生都会做，步骤都很清楚，但仅仅是会，做得不熟练，证明实践太少。有时让孩子去刷碗，锻炼一下，结果孩子拿着一个碗刷半天，用水冲三五遍，他不会，做得太少。这就说明知识还没有转化为能力，懂怎么刷却做不好，成长的第二个阶段还没有过关。一个人仅有知识和能力还不够，要活得好，自己活得有滋有味，对社会、对他人都有贡献，还要有境界，由能力升华为境界，此为第三阶段。

知识、能力、境界这三个阶段，用的词不一样，从知识到能力是转化，由能力到境界是升华。现在大家不管是条件好的还是条件差的，忧郁的人、有精神压力的人比历史上任何一个时期都多。整天烦躁，静不下心，也知道这个社会是浮躁的，但轮到自己时还是静不下心，压力非常大，效率也不高。很多情况下是因为境界不够，不是知识和能力不够。人们的这种压抑、不满意20%是因为生存的原因，80%来源于欲望和攀比。实际上客观地讲，大家不应该有这么多烦恼，因为生存的压力并不大。这么多烦恼的根本原因，大部分是攀比，别人住200平方米的房子，我才住100平方米，别人的车好，我的车不好。另外，还有欲望，欲望太强烈，太多了，有句成语说“欲壑难平”，这样造成的精神痛苦就没有办法解决了。所以境界、价值观还是需要升华的。如果你站在别人面前，或是有人和你深刻交往以后觉得，这个人心态好，心态非常平和，不急不躁，实际上什么事都做了，该得的也都得到了，生活的满意度很高，原因就是他欲望少，不和别人攀比。欲望强烈，就一直处在成长阶段，总是达不到成熟，用现在的话说就是“小资”思想在作怪。

北京有的媒体在作对比，什么叫“小资”，什么叫“大资”，列了很多的生活现象，发现最讲究的、穷讲究的人苦恼最多。这就是小资。大资从不装腔作势，从来是从容处之。因为见得风浪太多，大资们早已不在乎生活的外衣了。他们坐公交，吃家常饭，穿普通衣服，生活看起来十分简单，但他们是内在的“精神贵族”。他们内心充实，对未来充满信心。他们简朴，但决不寒碜。他们能把最普通的生活过得有滋有味。比如吃饭，一顿饭有几种态度。第一种人把吃饭看成一种负担。为什么非得吃饭，不吃不行吗，吃一次烦一次，临去吃饭前心里就很烦躁，带着这种心情无可奈何地坐下吃饭。第二种人把吃饭看成必需，不吃不行，人是铁饭是钢。第三种人把吃饭看做一种享受，吃饭时大家谈一谈，吃得又舒服，互相又有交流。每次吃饭，不管在家里还是在外面都是享受。还有一种人把吃饭看成一种审美。他觉得每一个菜都有值得思考的东西，有很多文化，很多知识。吃一次饭跟听一次音乐会一样，他有这样一个心态。不同的心态决定了同一件事情不同的效果，每吃一次饭都感觉是一次享受跟每吃一次饭都是一个负担。长此以往，一天吃三次饭，三次至少三个小时，你烦恼三个小时，日积月累对你的身心损害是很大的。另外，很多事情如果你垂头丧气、声嘶力竭、拼死一争，一定就能争得来吗？不一定。应该是你的跑不了，不是你的怎么争也白费力气。当然，我们也不能非常消极。比如有一扇门马上就关死了，你跑一步就拉开了，不然关死就拉不开了。这个时候你就跑一步，不是说大家不主动，但关键是在这件事之前的心态是很重要的。

这样看来不学习是不行的，学习首先要定位。现在需不需要学习？学习需要学什么？第一个问题是你认为现在的知识达到了什么程度。为了让大家有一个好的定位，根据我多年的经验给大家画一个坐标，大家可以自己定位。

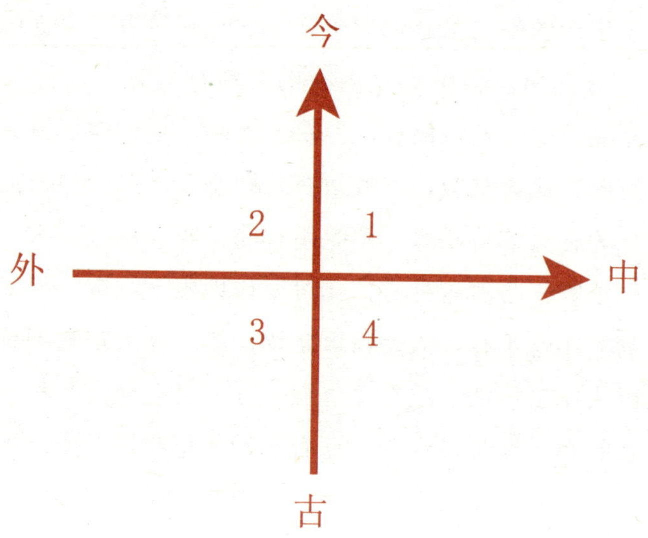

横轴是一个空间的轴，代表从外国到中国；竖轴是个时间轴，代表从古代到今天。这个坐标轴是由时间和空间组成的，坐标中的四个象限囊括了古今中外知识的总和。当然，这是一个普通的二维理解。

第一象限代表今天的中国。大家可能首选的是第一象限。你首先在今天的中国来衡量，今天的中国知识的总量是无法计算的，你在今天的中国这个象限中占有怎样的比例呢？你可以说我学过什么专业，出身于理工科、文科的什么专业，但这个专业对中国的传统文化来说是很小很小的。分专业是西方教育的成果。原来中国的学校是不分专业的，西方现代教育制度来了开始分的。专业固然学得很好，但是就个人的生涯来说，专业的精神和人生的质量没有必然的关系。不能说专业学得好，我的人生就是丰富多彩，就很满意了。刻薄地说，专业就是一口井，专业学得越好，这口井就挖得越深；挖得越深，天见得就越小。

人类的知识是很丰富的，大家都是管别人的，这个时代选择你们当女性领袖，是时代的需要，时代造就人，但有时候你专业再好但当不好干部。干部必须有自己的知识结构，这个知识结构我把它分为三类：

“—”——这是自然社会对人才的要求。比如说种庄稼、种玉米，我知道什么时候种，什么时候管理，什么时候除草，什么时候间苗，什么时候收，什么时候藏、怎么藏，我知道玉米怎么做好吃。整个过程是横向发展的，从头直到尾。农民就是自然经济下的人才。

“丨”——工业社会需要专一，你专得越深，你也还是在这个专业中，专业之外的地方你永远不知道。这就是工业社会对人才的一种要求。工业社会就不是这样，它把种庄稼分成好多好多的环节。育种的只育种，研究肥料的只研究肥料，研究收割的只研究收割，这样大大提高了工作效率。比如说一把椅子，在自然社会如果是一个木工来做，先要去找一棵树。有些树不适合做椅子，比如杨树、柳树不适合，起码得找个梧桐树。找到树后得伐下来，截成板，烘干，然后配好料，再装配，再刷油漆，一共得六七道工序。工业化社会，椅子就要进工厂，截板、烘干、装配、刷油漆都有专门人员。假如一把椅子以前要用四天做成，现在可能一个人一天就能出十把、二十把椅子，四个人可以出四十把、六十把，大大提高了劳动生产率。这个社会就需要“丨”种人才。

现在的社会需要的是“十”字形人才，即要知道很多理论，特别是当干部的，光知道专业是不行的，当干部大家也发现一些规律。新中国成立初期的这一代干部是打江山打下来的，带兵打仗的转身成为干部，现在部长以上的干部是可以军队和地方互相用的，这是我们国家的干部制度。但是到发展阶段国家，都是红色工程师、专家，这是苏联提出来的，包括我们第三代领导人江泽民、李鹏都是这一代，都是学理科、工科的专家。发达国家的领导人是学社会学科、人文学科的，美国、新加坡、英国等国家的领导人都是学法律、学社会学的。现在我们党和国家的领导人中已经出现了具有社会学科、人文学科背景的人，这是一个规律。这种“十”字形人才的“—”大家可以理解为政治素质，既有政治素质又有自己的专业，这人才基本就立住了，但这并不是我们理想当中最高端的人才。

我们理想中的人才是“干”。上面“—”有两个内容：一是要有新的思维；二是要有协调能力。因为“十”字形的人才缺少自己的政治路线，但有了新的思维以后，做工作就有自己的主观意识。实际上一个单位的发展取决于“一把手”。“一把手”好这个单位就好，大部分都是这样。“一把手”有比较高的素质，能把自己新的思维注入到工作当中去就有了新思路，有新思路就有新做法，新做法很可能收到新效果，这就是政绩。像我们芝罘区妇联搞的家庭教育，这就是新思路。家庭教育有很多方面，子女教育、夫妻关系、两代人的关系、三代人的关系，怎么落实，怎么找出重点抓的领域，这就是新的思路。同时，作为干部来说，上面“一”的重要意义还有协调能力。我有一个观点，一个人的成功不在于他做出了什么大事，发明了什么东西，而在于他把人际关系协调得最好（关于人际关系我们讲“中国化管理”的时候再讲）。这就是我的结论，到现在还没有人来反对。实际上我们想一想，成功人士成功的标志就是把周围的人际关系协调到最佳状态的时候，他就成功了，所以当干部协调能力很重要。

希望大家都做“干”形的人才：上面“—”是自己新的思维和协调能力，中间“—”是政治素质和知识结构，“丨”是要有自己的专业。不要轻看这“丨”，因为这是你的饭碗，有自己的专业捧着这个饭碗，一辈子就饿不死。那两个“—”是给你发展提供的条件。如果都不具有，我可以不当干部，我还有专业技能，我对社会还是有用的，我还可以活得很好。

所以这样来衡量，知识在第一象限当中能占多少，大家应该能找到差距了。可能有的同志觉得我还会外语呢，我是外语系毕业的，对于外国的东西我也知道，这就进入第二象限。这一点我不敢奉承大家，因为谈到的语言问题很复杂，很深奥，不是学了语言就解决了问题。

全世界有两千八百多种语言，你可能掌握了英语。当然英语的覆盖范围很大，但是不要忘记，英语有美国英语、英国英语、澳大利亚英语，各个地方的英语是不一样的。还有一个重要的问题是，语言的高端功能永远是方言来承担的，这是语言学的一个规律。什么是高端功能？就是语言最有用的地方、最能表达你感情和心情的地方就是高端情绪，极度愤怒、极度悲伤、极度高兴那个时候的话才是语言的高端功能。高端功能都是方言承担的，不是普通话承担的。比如试一试用普通话骂人，解恨吗？不行。你学的英语能解决方言问题吗？解决不了。

我在英语环境中生活了六七年，当时确实闹了很多误会，这个误会后来被另一个人写到他的书里。我们刚去国外是二十世纪八十年代后期，出国是很奢侈的一件事，感觉很光荣，到那里自然有华人请客。中国人请客跟外国人不一样。外国人请客各人点各人的菜，吃完就结束了；中国人比较讲排场，四个人点了六个菜一个汤。因为消费多，酒店里的服务员很高兴，因为午饭她们有百分之十五小费，于是很卖力地服务，老板也很高兴，平时四个人吃饭消费四十多美金，我们四个人消费一百多美金。在吃饭的过程中服务员又笑着端来一盘菜，很大的一盘沙拉，比别的菜多出一倍，我们看不是我们点的就拒绝了，服务员反复地重复一句话“on the house”。这句话翻译是“在房顶上”，跟吃饭没有关系，什么意思我们也不懂。但是我们不敢吃，因为怕触犯了当地的规定，没拿钱把菜吃了怎么办？后来有一位老华侨告诉我说：“on the house”是老板加菜的意思。风马牛不相及啊，怎么也不会想到是老板加菜的意思，跟房子没关系的，无法解释。那是一种思维，不是直接翻译过来的，这就是方言。比我们去得早的，最早公派到北京大学的一对年轻的夫妻忽然离婚了。我们华人有个传统的习惯，就是去关心他们，怕离婚后有人受委屈，就想帮助他们，就问为什么离婚。但在国外帮助别人没有去问的习惯，不能直接去问他们，就问他们的律师。律师是位非常好的中国台湾人，但又不会说汉语，因为他是在美国出生的。问他是什么原因，他就嘟囔了一句话："Every couple is not pair."（一句英文），很惋惜，很可惜，很无奈，说了之后就没有下文了。"every couple"，"couple"就是一对的意思，"pair"也是一对的意思。但是我从他的表情上我觉得他是很惋惜的，他不愿意处理这一对夫妻离婚的事情。很久以后我明白了，还真不是一句很土的方言，而是很流行的一句方言，意思是：成双未必能配对。别人看着很好，但人家个人觉得不合适，天下夫妻多，珠联璧合少，他在感叹。这件事情对我教益很深。这是很普通的话，在中国有很多话可以表述这个意思，也道出一个真理，夫妻之间也没什么秘诀，太普通了，很简单的两个字"合适"。夫妻合适就是最高境界，不用海誓山盟、甜言蜜语，合适就行。这就是最高的标准。所以，大家千万不要高估自己的语言水平，到了英语世界，照样是基本的东西也不懂。

在此之前中国出去招商的时候有家媒体向大家宣布：××省是投资的热土。把热土翻译成"High land"，弄出了这样的笑话。"High land"在英语中指炮火连天的土地。以色列和巴勒斯坦打仗的时候，以色列的部队把巴勒斯坦包围了喊话：你们投降吧，不投降就灭亡了。巴勒斯坦人的回答是：我不怕你们，我会让你脚下的土地发烫。这就是热土的意思。这样的土地谁敢来投资，来旅行都不敢。这说明语言的隔膜很大。大家学了别的语言，也不要认为自己就掌握了这个语言世界的知识。有很多误解，对外国有很多误解。我们总觉得日本文字很多都是汉字，看看那个字我就知道什么意思，实际上我们通过调查得出这样的结论：我们对日本民族的了解不比对欧美民族的了解多。我们和日本是很隔膜的，无法理解的，所以在管理学上有的人要建立东方管理学，把日本、新加坡、中国都纳入东方管理学的范围，那是一厢情愿。日本的管理、新加坡的管理、中国的管理是完全不一样的。还有学文科的说，我还会古汉语，我读古书读得比较多，我了解古代的中国。这就更难说了。

现在的学生和现在高校的师资，专门从事研究的人员底子都不厚。我可以说几个标准：学中文的有一门课叫“古代文学”或“古代汉语”，是通过学习古代的作品了解中国古代的语言是什么状况。有这样几个标准，本科的学生学完了以后借助字典读通了《聊斋》。《聊斋》大家都知道，山东淄川的蒲松龄写的，是清朝的语言，是近古时代的作品。如果是研究生，借助字典读通了《资治通鉴》。《资治通鉴》是宋朝的作品，基本上代表了中古时代中国的语言。如果是博士生，可以借助字典很容易读通《史记》，《史记》是汉代的语言。而读懂了《史记》，你这个知识面还比不上古代的一个秀才，秀才是千人考试选出来的。穷秀才、酸秀才，是没有功名的，国家还不承认他的公务员地位，一个博士生还达不到秀才的位置，何况还有举人、进士、状元、榜眼、探花，就更达不到了。因此，大家对古代不可能了解多少。

谁都知道《诗经》第一首是：关关雎鸠，在河之洲。谁都会背，但“关关”是什么意思？谁能讲出来？多么简单的两个字。很多大学教师都在争论，到现在已经争论了几十年。我倾向于很简单，“关关”就是鸟的叫声，“呱呱”地叫。叫声是会发生音变的，从古代传到近代变成文字就成了“关关”了，可能古代找不到“呱”字。多么简单的事情，但是很简单的事情就像一层窗户纸，就是捅不破它，所以导致很多很多误解。还有姜各庄。“各”是什么意思？姜各庄就是姜家庄，就是姓姜的人成了家，家怎么还成了“各”呢？为什么不叫姜家庄、李家庄，还要叫李各庄，“各”好听吗？不是这样。这是因为古代没有“j、q、x”，不发这几个字的音，凡是“j、q、x”都用现在拼音的“g、k、h”来代替。所以“家”念“gu”，曹大姑就是很著名的人物，它没有家这个字。因为没有那个字，就得互相取代。取代是我们给它找的对应的规律，就是一种音变。这些东西都是很普通的知识，但今天的人知道多少呢？

总而言之，我画的这个坐标是让大家明白学习是一生的主题，你在哪一个阶段停下来都不行，是任重道远的。所以，会学习是一生可持续进步的基本动力。对大家来说，学习确实是一个永恒的主题。

三、知行合一是一种能力

知识分子干部和工农干部最大的区别是，两者强调的重点不一样。知识分子干部强调的是学历和知识，工农干部强调的是自己的执行力。我们理想当中的干部应该具有知行合一的能力，这也是中国最古老的传统。

知行合一是优良的传统，我们讲“中国化管理”、“国学管理”经常回到古代。中国古代读书人有一个目标：一事不知，儒者之耻。意思是：如果有一件事别人知道而我不知道，这就是我的耻辱；一个读书人不应该这样，天下的事情我都应该知道。

孔子的时候主张学“六艺”。这“六艺”从文到武都涵盖了。宋朝时皇帝赵匡胤号召文官要知武，武官要学文。所以，那时候出现很多文武兼备的好官员。大家都知道《岳阳楼记》，范仲淹写的，写出“先天下之忧而忧”这样好的千古名言。实际上范仲淹是位武官，从陕西进京。大家也知道曾国藩，他挽救了清王朝，如果没有他，太平天国就成功了，就把北京打下来了。曾国藩是位了不起的军事家，他依靠的部队不是清朝的国防军，是团练，就是民兵，依靠民兵把太平天国消灭了。但曾国藩是个文人，没打过仗，但是由于从小就有这种积累，造就了他文武双全。大家很佩服诸葛亮，诸葛亮借东风很多人不相信，怎么他能算定冬至三天以后能刮三天的东风。大家知道长江到那段正好是由西南往东北，几乎是南北方向，大家说的东吴在江东，长江总的流向是东西的，但唯独在那段是东北方向。诸葛亮后来自己道出了他为什么知道会刮东风，不是垒台子借东风借来的，也不是祭祀祭来的。诸葛亮懂得天文知识，他知道每到冬至这一天，那个地方都要刮几天的东南风，多少年来有记载的，没有变化，冬至小阳春，江南是这样的。所以，诸葛亮算定了那一年十一月二十一就会来东风，刮三天。如果没有这场风，赤壁之战的历史就要改写，我们今天就看不到赤壁之战了。

同样的例子在我们共和国的革命斗争当中也有。大家都知道海南岛，解放海南岛的时候很困难。琼州海峡不是长江，如果没有大船很难过去，如果不解放海南岛，海南岛就会成为第二个台湾，就会成为我们的心病。当时主张打海南岛的就是韩先楚将军，四十军军长，是十三兵团的副司令，有权力直接向军委写信：我一定要在4月21日以前打下海南岛。因为4月21日是谷雨，谷雨以后琼州海峡就没有北风了，没有北风船就不能借力。中央军委派了好多人和韩先楚落实。那时已经是1950年，因为在那之前1949年10月28日，二十八军打台湾，过去了三个团到金门，结果风向朝西变了，我们的部队上不去了，八九千人被国民党部队消灭了。那时几万名山东去的兵在海滩上放枪，眼看着八九千山东兄弟被国民党部队缴杀了，没有办法，隔着大海过不去。那时没有潮汐表，没有充分利用天气条件，吃了亏。所以在1950年4月份，韩先楚又要打海南岛，军委是非常慎重的，韩先楚作了很多调查，最后立军令状：如果不派四十一军，我四十军自己把海南岛打下来，我确定4月21日以前一定是北风。最后冒险4月16日下午7点半船出发，趁着夜色，木船打军舰，木船解放了海南岛。这是神话一样的战役。韩先楚是一位武将，他不是光知道冲冲杀杀，他知道天文，知道地理，利用天文地理取得了战争的胜利。这种例子很多，拿破仑、希特勒进攻莫斯科为什么失败，天气帮了大忙。俄罗斯的冬天很冷，摄氏零下四十几度的时候装甲车的柴油、汽油都冻了，枪栓都冻了，并且从温暖的法国和德国来的人，受不了莫斯科郊外的严寒，所以说天气帮了俄罗斯人。

因此，作为一名干部，你的成功或者失败说不定是什么因素在帮助你，如果不善于学习，没有一种大胆的实践精神，就不能保证你的成功。虽然我们是和平时期的干部，说不定明天就会赶上一件对你来说是一生当中很关键的突发事件。如何处理好这个事件，考验你的素质和能力。这个时候任何一点儿偶然的因素都可以导致你成功或是失败。所以说，知行合一大家不要认为只是一种理想、一种目标，这是一种实实在在的能力。

第三节　精彩的女人

一、快乐女人：慢生活

快乐是一种心态，快乐是一种能力，快乐是一种境界，快乐是一种艺术。一句话，快乐是智慧的结晶，是生活质量的总前提。

由此可见快乐的重要，女性朋友应该把快乐当成人生的大目标。

人的一生，既活在物质世界里，又活在精神世界里。物质条件是生存的基础，决定着人是否能活下来；精神条件是主导，制约着人是否活得快乐。快乐和幸福都是诉诸主观而产生的感受，在满足了基本物质需要以后，所有的人都会站到快乐的起跑线上。至于谁能活得快乐和幸福，则不取决于物质的丰俭，而取决于人的心理状态。当然，心理状态并不是先天决定的，它与一个人的教育、历练、人生观都有紧密的联系。在这种意义上说，人其实是活在一种心态里。

明白了以上道理以后，我们知道管理者是否快乐全凭自己。一个人的内心就是一个内宇宙，一个强大的内宇宙是任何外力不能战胜的。只要保有一个健康良好的心态，做快乐的管理者的目标就一定能达到。

当然，一个好的心态也不是天上掉下来的，它需要自己不断地努力，通过完善、提升工作和生活方式来逐渐培养好的心态。除了上一节讲到的“四心治平”以外，我们在本节推出一个概念：慢生活。目的就是通过推广慢生活方式打造一种好的心态，让好心态伴随每个人的一生。

慢生活这个提法最早见于二十世纪八十年代的欧美媒体。其产生的背景是西方社会“现代病”流行以后人们自发匡正，力图通过让一切“慢下来”来平复社会的浮躁之风。现在我们借用这个提法，在中国化管理背景下赋予“慢生活”以中华文明元素，发掘自古至今国人的生存智慧以及在这种智慧观照下的生活理念、方法，建立具有中国特色的“慢生活”体系，让国人，特别是管理者从慢生活中体味出做快乐管理者的真谛。

惊鸿一瞥慢生活

慢生活的信风吹来了，全世界都在热烈地拥抱她！

慢生活？切勿望文生义！

慢生活——

不是看破红尘后的消极遁世；

不是对人生失败结果无可奈何的认可；

不是害怕竞争、失去生活信心之后的“躲进小楼成一统”；

不是富有之后的灯下蝉翼、酒后红颜；

不是满怀侥幸的守株待兔；

不是美酒珍馐之后的微醺；

不是洋房、香车、美女；

不是故意放慢工作节奏减少工作时间；

不是像勉强完成任务那样的健身、娱乐；

不是故作潇洒地挤时间利用双休日、节日游山玩水；

……

总而言之，慢生活决不是特意地放慢了生活工作的节奏来修复那疲惫不堪的身心，也不是抛弃了任何物质需求而自封为“精神贵族”

的自恋。慢生活之“慢”，与工作、生活的节奏频率无关，甚至与物质的富有程度也关系不大。

其实，慢生活是一种生活态度——

是一种健康的心态；

是一种价值观；

是一种彻悟后的安详；

是一种化育天下的胸怀；

是一种对人生的高度自信；

是一种积极的奋斗；

是一种清醒的期待；

是一种富得充实、穷得快乐的写照；

是一种让人生充满快乐的社会文化生态。

慢生活是一种健康的心理态势介入人们生存状态的评价后所产生的诗情画意。因而，慢生活是个人的、审美的、愉悦的、健康的、积极的、非常主观的。

客观的条件并未改变，幸福指数却在飙升，这就是慢生活运动带给我们的喜悦。

谁还会拒绝慢生活运动呢？

柴米油盐酱醋茶

柴米油盐酱醋茶是一组终端琐碎的生活具象。将这组具象推而广之，便涵盖了现代人的衣食住行玩。为了这可爱又可恨的衣食住行玩，同胞异胞们真是付出了一切：时间、精力、青春、爱情、亲情、健康，甚至老命或者并不老的小命。如此以命相求，得到了什么？

衣：不得了，这是形象的品牌，财富的旗帜，古今中外的丽人们无不在衣和裳的品位上做足了文章，为了美甚至忽视了功能，美丽“冻”人的故事便在人间上演。不知古代社会产业结构怎样，今天，衣所代表的服装相关行业却是横跨一、二、三产业的大结构，它养活了多少人，多少人在养活它，数字虽不清楚，但衣着服饰却是女性的第一选择。所谓时尚也率先在服饰上开出风气。今日“卡丹”明日“枫丹”，米兰和巴黎已成了所有女性向往的舞台。

中国女性终于赶上了这个姹紫嫣红的年代，为了“衣”的光鲜拼得吐血也值。拼是为了穿，穿当然也不回避比。比衣服于是成了中国城乡的一大景观。许多女性，终其一生都在和别人比，当然也包括比衣服，并且是一个最大的内容。唯独让外人猜不透的是，这无休无止的比，是不是能比出一点儿幸福的感觉来？

食：食为天，这天大的事更不能马虎。在这方面女性永远得风气之先。当男士们还在鲍燕参翅地大吃大嚼时，女人们早已退出了饫甘餍肥。她们对食提出了功能性的要求：要吃出减肥，吃出窈窕，吃出丰满，吃出百媚千娇万种风情，当然能吃出健康则更好。但常常顾此失彼，也就只能牺牲健康了。

这种“食”谱未免残酷，因为当健康离你而去时，那一堆的丰满窈窕还能在多大程度上给你带来快乐和幸福；而远离了快乐和幸福，人生还有什么？

住：不仅是人类文明的标志，而且是财富的象征。不管是洋房别墅还是小桥流水，对于它的主人来说，都是一种凝固的张扬。张扬就会产生满足，这满足当然是一种别样的幸福。据悉，在居民的三大消费（教育、医疗、住房）中住房的投入最大。很多住房把它的主人拖进了终生还债的跑道上，这条跑道上已经奔跑着一个庞大的军团，而这个军团还在滚雪球般地扩张，有幸被裹进这个雪球的人，自己说是幸福的！

行：是流动的宣言。它向社会宣告主人的身份地位、财富能力。因其流动，所以更新换代更快。十年前笔者在一份具有法律意义的文件上看到桑塔纳被定性为“豪华轿车”，而今京城却完全是另一番景象：奥迪太板、奔驰太俗、宝马太妖，这三款世界级的名车竟然落到了这种声誉，大有弃妇之怨。而“volvo”正在热选，劳斯莱斯一车难求成为时尚。

车本来是代步的工具，但其作为工具的作用正在弱化到忽略不计，代之而起的是另外一些光环般的效应。正是这种令人一言难尽的效应，使无数丽人竞折腰。玩：是最大的学问，是无所不包的人间万象，沉湎其中，好像其乐无穷。

玩代表着人在脱离规范之后的自由度。这种自由度通常被表述为潇洒，是人人羡慕不已的。玩的多样性据说能满足人们各式各样的欲望，产生欲望满足后的快感，至于无数快感的积累是否就是幸福，这是见仁见智的评价。

罗列了一大堆衣食住行玩，引出了一群又一群的满足，这和慢生活运动有什么关系呢？都有关系，也都没有关系。说有关系是指，慢生活的内容也离不开衣食住行玩吃喝拉撒睡。慢生活的主体是人不是神，除了物质以外还有七情六欲。说没有关系是指慢生活并不关心你衣食住行玩的标准和丰俭程度，也不关心别人眼中赢得了什么。

慢生活只关心你在这些“过程和结果”中的自我感受。

一句话，硬是要把“柴米油盐酱醋茶”活出“琴棋书画诗酒花”的味道来，这才是慢生活。

以健康快乐和美丽的名义请你慢下来

现代社会的步伐太快，现代生活的节奏太快。现代人除了每天要马不停蹄地奔波以外，那高速运转的大脑也没有一刻的空闲，许多人睡梦中都闪回着人生的课题，真是太累太累了。

世界卫生组织的调查显示，每年有190万人因劳累猝死。

在日本，公司员工在工作吃饭睡觉之外，参加运动的人仅占员工人数的53%。也就是说，有47%的人从来不运动。日本的“过劳死”人数占全世界第一。

在中国，每天像被鞭子赶着一样来去匆匆的人更不在少数，这些人身忙，心更躁。

健康就这样被剥夺了。

快乐也随之消失得无影无踪。

至于美丽，除了那人工雕琢的一张脸面之外，人们早已忘记了世上还有一种美，叫做“清水出芙蓉”！

许许多多姐妹就这样急匆匆地交代了自己的青春，慢慢憔悴直至枯萎。

太可怕了。

一切的一切急需慢下来！

最重要的，当然是先慢下自己的心来。

要真正做到“工作再忙心不忙，生活再苦心不累”。要达到这样的境界并不容易，这需要大量的形式来帮助，也需要具体的内容来落实。

我们来浏览一组“慢”镜头。

慢餐饮：

“慢餐不仅仅是给我们的味蕾寻找美味，而是为了保留我们的人性。”著名的“慢餐国际组织”在十几年间不断四处呼吁。1989年，意大利记者、餐饮评论家佩特里尼被几十名学生坐在“西班牙广场”上大嚼汉堡包的场景震惊。为唤醒人们遭快餐催眠的味觉，佩特里尼发起了“国际慢餐协会”，提倡回归对食物及用餐环境的高素质要求。SLOWFOOD的标志：那个O字，设计成蜗牛的模样——慢慢吃吧，没有太特别的事情要赶的。

慢旅行：

缓慢旅行强调并不是去哪里，而是在哪里。除了从历史遗迹入门，了解历史宗教对当地人的影响，更可以到街巷上的百年老店，去品味当地人表现在日常生活中的美感意识。缓慢的城市更需要缓慢的步调。你可以不搭电车、巴士，骑脚踏车或步行穿梭在大街小巷。你会发现，有缘接近人类世世代代传承的幸福，是多么的幸运。

慢读书：

“一目十行”是对阅读高手的赞美，但是很多美国“慢一族”开始放慢阅读速度，他们认为“细嚼慢咽”的读书可以完全沉浸在书籍的氛围中给予细节更多的关注。这样做不仅阅读效果好，也能够带来更多心灵上的愉悦。随着“慢”的追随者越来越多，欧美社会逐渐受到这股潮流的影响，开始崇尚那个“慢”的理念已经深入欧美社会的各个角落。时间研究员、时间经理、抗紧张培训班等闻所未闻的名词不断出现。在美国，甚至出现了一个“放慢时间协会”，在全球拥有七百多个“盟友”。

慢休闲：

很多现代人的休闲方式是一群人出去狂欢一把，然后一哄而散，在“慢一族”看来，这不叫休闲。我们来看看美国的哈文先生的生活：他每天晚上8点半钟之后就把手机关掉，或读书或早早就寝。周末两天，不接受任何大规模聚会邀请，而是和妻子或几个好友相约外出，要么钓鱼，要么寻找其他休闲方式。

慢性生活：

“慢生活”的支持者们认为，在性生活中，应该多拿出时间来享受身体的美好感觉，而不是快速“直奔主题”。很多夫妻间的矛盾是由性生活的“快与慢”引起，在这一点上适者生存，并不是越快越好。

慢工作：

现代工作节奏是“慢”的大敌。对于它，“慢一族”也有解决的办法。在法国，百分之三的企管人员在家办公。四十二岁的公司人事部经理马克3年前决定回家办公，繁忙了近二十年的他终于有时间好好和家人相处了。他这样做不但没有耽误工作，而且因提出简化人事管理的建议受到奖励，使公司最终决定百分之三十的工作人员可以在家办公。此外，“慢一族”还强调花更多的时间处理一件事，而不是在不同的事之间周旋。例如，医生应该多花时间了解病人，而不是巡视查房走一圈而已，这样有助于达到更好的治疗效果。

慢运动：

如今，无论是在忙碌的美国还是浪漫的澳洲，一种“每天一万步”的健身方法相当流行。医学研究表明，每天步行一小时以上的男子，心脏局部缺血症的发病率比很少参加运动的人低4倍。中医认为，脚掌是人体的“第二个心脏”，人体的五脏六腑都与两只脚息息相关。人类脚踝以下有五十一个穴位，其中脚底有十五个穴位。日行万步，就等于不断地在按摩第二个心脏。那么，请试想一下，在离家还有三站地距离的时候，如果改乘车为走路，你觉得如何？或许你会不假思索地说：“又耽误了宝贵的十五分钟。”但换个角度想：这十五分钟，你的全身集体都在运动，你又享受到了什么？

慢生活——风靡全球的终极时尚

几年前，笔者曾在瑞士逗留，被那里的所见所闻陶醉。

瑞士是一个多湖的国家，星罗棋布的大小湖泊遍布全国。漫步在湖边的草地上，一片静谧到极致的风雅便笼罩了你。站在水边，望着一碧如洗的水中天，简直分不清哪是水哪是天。欧洲的澄澈使所有的浮躁安静下来，你会不由自主地融进这水天一色做了画中人。迎面走来的瑞士人神闲气定。那湖水般清澈的蓝眼睛和雪山样安详的面庞只会让你惊讶：世上竟有这样的环境，这样的人。

那次我是被深深地感动，头脑中第一次涌出一个词汇：慢生活。随即不知为什么，一股类似无知的愧疚泛上了心头。

很少人知道瑞士的首都，瑞士的首都是不通飞机的。当初有人提出要在首都修建机场时，绝大多数市民投票反对，因为他们不愿让飞机的噪声影响城市的安静，更不愿看到繁忙的飞机掠过城市的上空。

我们至今无法评价这一件事，这不仅是一种文化的隔膜。

但是也有不存在文化隔膜的视域，譬如近几年屡屡被世人瞩目的国民幸福指数。

所谓“国民幸福指数”是多种数据呈现的概率，数字或许不能说明问题，客观也不能代替感受，但有一点让我们深思，那就是富抵全球的美国在这项指标上并不靠前，而综合国力并不强的芬兰、新西兰、瑞典、挪威、新加坡等国却排在了前列。诚然，我国的排名也比较靠后。并且显示，城市人的幸福指数低于农村人，白领的幸福指数低于蓝领。

这就十分说明问题，物质的追求和占有并不能提高幸福指数。

而幸福指数对于个人来说，才是“不枉活一生”的实质性显示。

这就是慢生活运动势不可当的充分理由。

但是我们也应该看到，在中国，慢生活运动的前进之路将是漫长的。因为：

一个“穷怕了”的民族对财富占有的反弹力同样是可怕的；

一个在说教中成长起来的民族一旦清醒，其讲求实惠的欲望是不可阻挡的；

对“散场”理论的超越需要时间：戏演完了，散场的人群都往外涌，你不随流而行吗？

身心的调试协和需要修养，而一个人的修养也不是一蹴而就的；

毕竟慢生活与返璞归真的辩证关系还需要时间来摆正；

……

但信风已经跨洋过海地吹来了，本土上的中和之音也在频频召唤，慢生活已经在人们的心里着床，就要孕育生长了。

让我们张开双臂，迎接这时尚的大潮吧！

慢生活　“救婚三境界”

原来素不相识的男女，因了某种缘分走到一起，从相识相知到相爱结婚，此后几十年的时间要厮守在一起，这简直是人类创造的最大奇迹。但这个奇迹也有破碎的时候，也有进退两难的时候，无数的悲欢离合和爱恨情仇不是一个离、一个分就能解决掉的。怎么办？怎么能让我们的婚姻从苦海中挣脱出来，奔向幸福的彼岸？

能不能让我们的恋爱婚姻多一些平静、安详、快乐、幸福，少一些剑拔弩张冤冤相报？

慢生活运动为我们提供了一种可能的范式，三个拯救婚姻的法宝和境界……

慢生活运动认为，导致婚姻中的男女出现矛盾和冲突的原因固然很多，但其中有一点是贯穿其中始终不变的。那就是，男女双方都试图按照自己的标准来“改造”对方，目标是把对方“改造”成自己这样。

可能吗？

不可能！

不可能还要硬改造，这样就演绎成了成千上万的家庭之战。

说到底，家庭之战的焦点是“改造与反改造”。

“改造与反改造”是呈双向主体运动的，因此互有胜负。

如果男方获胜，那婚前婚后的处境则大不相同，是从奴隶到将军，女方在将军面前就只好由公主沦为丫鬟。反之也一样。

病根找到了，接下来就发生了悄悄地变化。

慢生活运动的新理念直接改变了人们的价值取向，提升了男女关系的境界。从热恋到婚姻家庭，伴随着男女主人公的不再是无休无止的吵闹战火，而是情意绵绵的和谐之歌。

慢生活运动者们抓住了这种变化，总结了其中的规律，然后提出了拯救婚姻的三大法宝。它们是：

一曰：宽容。

二曰：理解。

三曰：欣赏。

爱是人类最美的语言，爱能够创造奇迹。只有肯奉献爱的人，才能得到真正的爱。在与别人相处时是这样，夫妻间相处也是如此。

一曰：宽容

适于那些性格、出身、学业背景等反差较大的夫妻。

故事一：水与火也可缠绵

小李和夏欧举行了婚礼。

这是一桩备受争议的婚姻：小李来自山村，家境贫寒；夏欧，某医院院长的千金，温婉柔美，优秀的中学教师，曾有一段刻骨铭心的初恋。

因人介绍，他们才有了这一段看似并不相配的婚姻。小李受宠若惊，夏欧因为那备受打击的初恋，已无任何激情，婚姻也不过是过日子而已。

当两个完全来自不同世界的人开始过日子时，仿佛是两个不相干的人住在了同一家旅馆，小李是仆人，处处小心，却处处令夏欧反感，早上对早餐挑剔，晚上对不洗脚指责。夏欧平时对他的口音恶语相加。有一次，夏欧出差回来，小李在高速路口接她，寒风里的小李看起来灰头土脸，使得夏欧在同事面前丢尽了脸面，一气之下不上小李的车，径自打车回了父母家，留下了一脸无奈的小李。

父母只能讲夫妻是前世修来的缘，既得之则安之，还是回家吧。

满腹委屈的夏欧，有苦无处诉，回家吧。刚走到门口，丈夫已为她打开了门，餐桌上摆上了饭菜。这一次，夏欧扑到了丈夫的怀里号啕大哭。

晚上，躺在新婚三月的新房的床上，夏欧第一次对如此包容她的丈夫谈起了曾经的委屈与无奈：选择他实属自暴自弃，因为内心的温情与爱恋，已随自己的初恋随风而逝，因为要从此封闭自己，所以选择仆人般的小李，使自己的精神王国不被打扰，可以自己咀嚼曾经的苦痛。然而，小李对她的爱令她不安，于是她不停地指责，希望小李对她冷淡起来，这样两个人的生活像两块互不搭界的冰，夏欧可以平静而安心地舔舐自己的伤口。然而，夏欧的悲伤痛在小李心上，小李默默地等待着夏欧心病的痊愈，以无限地宽容呵护着她。听夏欧讲曾经的故事，哪怕是梦里对情人的思念，小李也能静静地听，让夏欧的眼泪尽情地流在自己的胸前。当一切灰暗的记忆被泪水冲刷殆尽的时候，夏欧终于变回了真正的夏欧了。

这时两个人的世界终于如坚冰融化，打破了彼此的界限，有了交融。

慢生活观点：

存在于这些夫妻身上的差别一眼就能看出，如果要找碴儿，那简直是比比皆是。并且，因为彼此间的文化距离太大，所以根本就别想融为一体。按说这样的异性不容易走到一起，但初恋时不懂爱情，心理上的互补欲望又十分强烈，终于冲破千难万险结合到一块儿。当时根本没把这些差异放在心上，只顾枪口对外了，一起对付来自外界和双方家庭的压力。等到水到渠成了，外患平息了，只剩下两人面对面的时候，两颗激动的心才慢慢地静下来，互相审视。这一审视才发现，原来根本不是金童玉女天赐良缘，说是一对冤家还差不多。

冤家归冤家，构不成敌我双方势不两立，也不是水与火压根儿缠绵不到一起。所以不能一刀两断，婚姻还要继续下去。

这时最好的武器就是宽容。

宽容首先要求双方都要有一个好的心境，要真正把心虚起来，准备把对方的一切都照单全收，收下来还不能勉强。其次是提高自己的化育能力。“地势坤，君子以厚德载物”就是这个意思。大地的化育能力是无限的，任何污垢都能在大地的怀抱中化为神奇。宽容的夫妻虽不能够做到化腐朽为神奇，但厚德以载物是应该做到的。总之一句话，在宽容的夫妻之间不仅互相有宽广的容忍，而且每人都有极强的消弥化育功能，从而使自己做到不因这种无休止地宽容而腹内块垒重重。

宽容的具体范畴非常广泛，从生活习惯到心理空间无所不包。宽容并不是无原则地排除婚姻的本质——帮助对方提高自己——只不过更讲究方式方法，更注意自己的心气平和，虽然是良药苦口，但不妨包上糖衣，让对方在甜甜蜜蜜中消除疾患。

宽容在夫妻之间的关系中属于低级的和谐，也就是最基本的素质。

虽然属于并不高级的基本要求，但也不容易做到。毕竟因为宽容令许多家庭风平浪静，为祥和幸福作了奠基。

二曰：理解

适用于天下所有的夫妻。

故事二：我来理解你，你也替我想一想

老丁和小玉结婚五年了，争吵是家常便饭。四岁的儿子都知道爸爸妈妈最喜欢的事情就是斗嘴。

老丁怎么也没有想到，恋爱的时候那么文静的一个女孩，结了婚竟变得那么斤斤计较。就一个到谁家过春节的事情，每年都闹得全家人抓心抓肝。老丁的父母住在乡下，除了老丁还有三个女儿，都一个村住着，常见面，倒也不缺照应，过节也热闹。可是．老人习惯了儿子回家过年。小玉是独生女，和老丁结婚后一直与父母住在一起，虽然平常是天天见面，但春节要把老两口儿孤零零地撂家里，做女儿的心也是不忍的。

刚结婚那两年，碍于情面，小玉不得不夫唱妇随地去老丁父母家过年，又因为惦记自己的父母，那两年春节过得很不踏实。第三年，小玉和老丁商量，要不让他父母来自己家过春节，结果被老丁父母一口回绝。小玉一路掉着眼泪再次和老丁去了婆家过年。第四年，小玉正式声明坚决不去丁家过年了。老丁非常生气，他觉得小玉不懂事，父母一年才能见他们一面，她怎么就不理解呢。而小玉觉得老丁很自私，自己父母年纪这么大了，每到过节人家都是热热闹闹的，只有他们身边半个人影都没有，不是白养了一个女儿吗？做丈夫的怎么就不替妻子想一想。这次，两人都不相让，结果老丁带着儿子回了老家，小玉留下来陪自己的父母。这年的春节，两家人都过得不痛快。

今年，又要过春节了。老丁和小玉谁都不想先提起这个事情，倒是小玉的父母先说话了。他们不想让女儿和女婿为难，就提出要回山东老家，说那里还有很多亲戚，就当探亲了。小玉哭了，老丁也觉得凄凉。想来想去，他给乡下的父母打了电话，说了岳父岳母的打算，然后请他们来北京过年。父母虽然没有立即答应，却也不再那么坚持非要老丁回去了。看到老丁的举动，小玉心里很安慰，她理解公公婆婆的心思，可是没有办法的事情总要互相理解才行。

慢生活观点：

理解是宽容的高级状态。

毋庸讳言，做到理解是不容易的，所以理解有时候是掺杂着某种痛苦的徘徊。

夫妻之间一生一世要经过多少沟沟坎坎啊，对于这千头万绪两个人的看法和做法未必一致，再说两个人都在不断地完善自己，昨非而今是的感觉常常都有，要时时事事都高度一致那决不可能，遇到此种情况就只能祈求“理解”了。在理解的过程中，由于信息的不对称，思维的方法不同，切入的角度不同，所以经常在理解的原初点上徘徊，由于此时还达不到“理解”，所以痛苦也在所难免。

理解有时候也靠语言来充当媒介。但在火候不到的时刻，语言往往是无能为力的。勉强出语往往事与愿违。由此不难明白，在“理解”的层面上过生活的夫妻，有时宁愿自己承载着痛苦，也不轻易地挑明。挑明了常常是白开水，而痛苦的徘徊却是在品咂千年的醇酒！

更高层的理解宛如沉重的攀登。

那时两颗相爱的心互相为对方提供了足够的心灵空间后又留下了沉重的课题。为了爱，为了构筑自己理想的婚姻殿堂，双方都义无反顾地选择了攀登。

终于登上了峰顶。两颗强烈吸引的心和兴奋的躯体在巅峰相抱的一刹那，双方达到了全新的理解。这是在人生精神巅峰的胜利会师。

回望脚下路，更爱眼前心上人。人生的旅程终于有了一个明亮的交汇点。这是心与心的结合，是灵与肉的结晶。

能做到全面理解的夫妻并不多，但由理解延伸和蔓延的幸福却像大海一样让许多夫妻沉浸其中。

幸福的秘密藏在什么地方？

传说在天堂上的某一天，上帝和天使们召开了一个头脑风暴会议。上帝说："我要人类在付出一番努力之后才能找到幸福，我们把人生幸福的秘密藏在什么地方比较好呢？"

有一位天使说："把它藏在高山上，这样人类肯定很难发现。"

上帝听了摇摇头。

另一位天使说："把它藏在大海深处，人们一定发现不了。"

上帝听了还是摇摇头。

又有一位天使说："我看哪，还是把它藏在人类的心中比较好，因为人们总是向外去寻找自己的幸福快乐，而从来没有人会想到在自己身上去挖掘这幸福的秘密。"

上帝对这个答案非常满意。

从此，这幸福的秘密就藏在了每个人的心中。

心理学家指出，每个人都已经具备使自己幸福的资源，只是许多人没有把这些"成功快乐的资源"运用得好而已。

三曰：欣赏

这是和谐婚姻的最高层次，适用于所有追求精神幸福的人。

故事三：只有他能看见我的美

流苏和五羊在32岁的时候遇见，两年后结婚。在此之前，两个人都有过不止一次的恋爱经历。当然，结局都是失败。

流苏第一次遇见五羊的时候，她并没有想过这个和自己同岁的男人会成为自己的丈夫，因为在外人眼里她是一个只知道工作不讲人生乐趣的刻板的女人。而他是典型的会生活的男人，不但英俊得少见，且非常之风趣幽默。任谁看都觉得他们是不可能交错的平行线。

那是一个工作聚会，作为业务主管的流苏代表公司宴请几个老客户，其中就有身为银行副总的五羊。那天，流苏和往常一样，穿着黑色的套装西裙出现在晚宴上，在众多的经过精心装扮的老总夫人或女友的中间显得肃穆而暗淡。看着那些年轻或年长的女人在男人面前争芳斗艳，流苏的眼神飘忽起来，她的心已经去周游世界了。有客户上来攀谈，流苏从容应对，她在职业上的灵性谁都承认，五羊却不是因为她的职业灵性才高看她一眼。

他发现了她与众女人不同的美。

就在那个聚会上，他像发现了新大陆一样发现了流苏。他观察她，发现她很自得其乐。没有男人的追随，她却不以为意，自知暗淡，却不自卑。32岁女人的沧桑已经出现在脸上，她却不想掩盖，也没有一点儿黯然失色。五羊诧异于她的坦然。

在很多人眼里，他是一个可以让任何女人都心跳的无论物质还是精神都很富有的男人。当五羊谦和地约她单独用餐的时候，她想拒绝，可是五羊说：我约会你，是因为真想交你这个朋友，因为我欣赏你的坦然。流苏有了不小的惊讶，三十多年来，除了父亲，还没有一个男人注意到她的坦然。

两个人开始交往，流苏为五羊的人生开了另一扇窗，她不但坦然，还很博学、机智。她的外表是一道幕布，掀开幕布，好戏正在上演。五羊发自肺腑地欣赏这场戏。

流苏也发现了五羊除了英俊和富有之外的品质，还有正直和勇气。他小的时候很纤弱，远没有现在的强壮，但是面对好朋友被小流氓欺负竟不顾一切地冲了上去，结果是被打得断了鼻梁骨。鼻梁骨断了，脊梁骨却挺直了。在业界，他是有名的敢说话的人。为了这样的勇敢，他几次陷遭出局的危险。向流苏求婚的时候，五羊说：有一天我可能没了现在的位置，可是我还想娶你，怎么办？流苏说：那我就嫁给你。他其实非常清楚，流苏最欣赏他的不是英俊、幽默，更不是富有，而是他骨子里的正直和勇气。

慢生活观点：

能做到互相欣赏，这是婚姻状态的至美、至善、至真，婚姻的成色已升华到艺术的境界。双方如沐春风般享受着对方，享受着两个人的世界，是真正的情人眼里出西施互映在双方的眸子中。

因为是在宽容与理解基础之上的欣赏，所以慢生活运动之夫妻关系已达到和谐的华彩乐章。在这一阶段双方各自的个性都得到了极度自由的舒展，是摆脱了日常规范之后生命意识竞相怒放，婚姻给双方都提供了足够的心理空间，任思想的翅膀自由地翱翔。双方又互相从对方身上汲取了鼓励和甜蜜的基因，这基因又极大地丰富了各自的内心世界和强化了对美满幸福的体验。应该说，夫妻之间相知相爱相亲到这种地步，那真是天上比翼鸟地下连理枝了。

此时，在婚姻构成的家庭世界中再也不会出现困惑猜疑磨合交锋了。作为婚姻中的双主体，每个人都达到了“随心所欲不逾矩”，这是何等的畅快，只不过这“矩”并不是指来自社会的外来规范，而是每个人的心理防线。现在这条防线已经虚化或消失，两个相爱的人在精神和灵魂上由融洽而结成了一体。当然，这是你中有我，我中有你的有机渗透，是蜜与糖、水与乳的交融，是具有勃勃生命内核的混沌太极，是琴瑟合鸣天人合一。

以上三大法宝也可以说是慢生活运动倡导的婚姻三阶段，这三阶段虽然层阶不一而有差别，但由于都是净化了婚姻的杂质，呈现出一种健康快乐的指向。所以，这都是慢生活运动者们所向往的。

慢生活运动不是消极避世的，因此现实社会的逼仄同样也会侵入婚姻家庭。面对生活的压力，他们不会愁眉苦脸怨天尤人，不会祭起精神胜利法维护虚荣。他们会直面生活的挑战，自信地迎上前去。一方面是积极而踏实地工作以争取改善窘境；另一方面他们会不约而同地以健康平和的心态来化解常人心目中的烦恼。

在慢生活运动看来，化解永远比解决更重要。解决会留下硬伤，而化解却是无比的智慧，是东方文化至柔至刚的魅力。因为把“究天人之际”纳入了人生的哲学，所以我们华夏民族的祖先早就懂得了慢生活的道理。当这种天籁般醉人的精神享受被移植到婚姻家庭的憧憬中去的时候，《夫妻双双把家还》唱出了二人世界的其乐融融虽苦也甜，《化蝶》飞进了天下男女的理想国度。厚地高天堪叹古今情不尽，这“情”字所衍生的人生至美又有谁能唱尽写尽呢！

走进慢生活，远离世俗婚姻的龌龊泥潭；
走进慢生活，尽享二人世界的温情绵长。

附：慢活：解我们“时间病”的毒

1982年，有一位美国医师眼见有人执着地认为“时间不断流逝，怎么也不够用。你必须不断加快脚步才能追赶得上”，而创出“时间病”这个名词。今时今日，全世界的人都罹患了时间病，都盲目地崇拜速度。

如今也该到了我们破解凡事求更快的执着心态的时刻了。速度并非绝对是上策。人类进化的原则是适者生存，而不是快者生存。

速度曾帮助我们将世界改造得更美好而自由。现在有谁愿意过没有网络的生活呢？但问题是我们对速度的热爱，我们不断想用更少时间做更多事的执着心态，已经太过度了，甚至已经变成一种瘾，一种盲目的崇拜。即使速度开始产生反效果，我们仍坚守“还要更快”的信条。工作进度落后了？换个更快速的网络联机。没有时间看圣诞节收到的小说礼物？学学快读。减肥无效？试试抽脂。太忙了没空儿煮饭？买个微波炉……

适度的工作伦理也许并无害处，但如今却已渐渐失控。想想看，“休假恐惧症”竟越来越普遍。根据英国里德（Reed）公司针对五千名英国劳工所作的调查显示，有百分之六十没有休完2003年应休的年假，至于美国人使用的支薪假期平均还不到五分之一，甚至连生病也无法让现代劳工远离工作：五名美国人当中便有一人会在应该睡觉或看医生的时间，出现在工作岗位上。

此外，工作过度对健康也有其他威胁，不仅让我们更没有时间与精力运动，还可能导致我们饮酒过量或养成快餐的习惯。通常最快速的国家也是最肥胖的国家，这绝非巧合。目前，高达三分之一的美国人以及五分之一的英国人被临床诊断为过度肥胖，日本人的体重也在不断上升，2002年一项全国营养调查显示，三十岁以上的日本男性有三分之一过重。

为了追上现代社会的脚步，加快速度，许多人依赖的已不只是咖啡而是更强力的兴奋剂。古柯碱仍是白领阶级的头号选择，不过俗称“speed”的安非他命却已急起直追。自1998年起，美国人在工作场合使用毒品的比例激增了七成。许多雇员偏爱“冰毒”是因为它能让人涌起安乐感，而且几乎能一整天保持头脑清醒，也不会有吸食古柯碱常见的令人窘迫的副作用：唠叨聒噪。问题是，越强效的安非他命比海洛因更容易上瘾，使用过后还可能引发忧郁沮丧、焦虑与暴力行为。

由于我们缺乏耐心，就连休闲活动也变得更危险。每一年，全世界都有数百万人因运动与健身而受伤，其中许多人是因为用力过猛、操之过急。就连瑜伽也不能幸免。在波士顿，有一位性急的老师强迫学生做劈腿姿势，致使学生骨盆破裂。有一名三十来岁的男子在曼哈顿一家著名的瑜伽教室学习瑜伽时，知觉神经受伤，右大腿某一处将永久麻痹。

我们不妨想想看，快节奏的生活可能对家庭生活造成什么样的伤害？家庭里每个人来来去去，贴纸条在冰箱门上已经成为许多现代家庭的主要沟通方式。根据英国政府公布的资料，一般上班族父母收发E-mail的时间比陪小孩的时间多出一倍。现在在日本，家长则是将小孩送进二十四小时的育幼中心。所有工商业社会的小孩放学后便回到空荡荡的家里，无人倾听他们的故事、问题、成就或恐惧。美国《新闻周刊》在2000年进行的一项民调显示，有百分之七十三的青少年认为父母亲花在青春期小孩身上的时间太少。

生活匆匆忙忙难免会变得表面化。当我们匆忙之际，自然会像蜻蜓点水一般，无法与这个世界或其他人有深入的接触。可是所有将我们维系在一起、让生活更有价值的一切——社团、家庭、友谊——都必须依赖一样永远也不够用的事物而存活，那就是时间。

慢于心率地活着

几年前，在后海还没被如此多的一色酒吧挤对之前，在我看来，走在湖边的感觉就是我喜欢的北京。像何勇唱的，在二环里面，银锭桥望西山，骑单车看夕阳。几个退休老头带着小凳子，坐在湖边，安静垂钓。他们身后停放的二八自行车，上面挂满了一天活动需要的东西，饭盒、手纸、水杯、收音机……他们的脸上看不出什么表情，时间仿佛在那里凝固，但你仿佛又能感受到他们心中几十年时光流淌后的沧桑。这种感觉，像极了一支叫做LOW（低）乐队的音乐。

这支乐队的风格被归类为SLOWCORE（慢核）音乐。在慢核音乐中，LOW可能是慢中之慢——最慢的音乐。一对美国夫妻在乐队中，声音是如出一辙的缓慢，不同于现代人的懒散。他们的缓慢，节拍少于心率，有时倒像是在追求一种雍容散淡的语感。他们表面上听不出任何花样，甚至鼓都是最简单的两部分组成。但在他们极简主义的背后，却是层次丰富的世界，慵懒、忧伤一圈圈地弥散开来。他们的一个乐句可以重复十余次，几分钟，但每重复一句，都加深了一重幻灭感和零余感。在这同时，他们还很从容。所以，除了慢核之外，他们的音乐还被归类为SADCORE（悲核）。只不过他们的悲伤，是慵懒、从容的悲伤，而不是把枪举起直对着太阳穴的悲伤。

几年前，在急管繁弦中忙奔物质生活的人们，突然对米兰·昆德拉的一本小说《慢》感起了兴趣。在《慢》中这么写道："慢的乐趣怎么失传了呢？啊，古时候闲荡的人到哪儿去啦？民歌小调中的游手好闲的英雄，这些漫游各地磨坊，在露天过夜的流浪汉，都到哪儿去啦？他们随着乡间小道、草原、林间空地和大自然一起消失了吗？"

据说，有一句谚语用来比喻甜蜜的悠闲生活，叫做"他们凝望仁慈上帝的窗户"。凝望仁慈上帝窗户的人，是不会厌倦的，他幸福。而LOW这支乐队诞生的地方——明尼苏达州，是个一年中有一半时间处于寒冷风雪世界中的地方。某一年三月，我开车从芝加哥去明尼苏达，一路感受的就是像电影《FARGO》（暴风雪）中的白色天地、魔幻世界。而我见到的明尼苏达人们的慢生活，是一边凝望仁慈上帝的窗户，一边扪心倾听自己的声音。这时，掉根针在地上也能听见，空气中冰冷袭人。

这种带着独特味道的"慢"，会以异常安静的力量撞击处于温暖、繁杂、忙碌城市的心灵。它竟也能治疗我在空洞生活之中的失眠，随着慢于心率的节拍，黑暗中固执睁着的眼睛会安宁地合上，进入但求无为的梦境。

但在最近的LOW采访中，他们显然已经准备改变风格了。乐队中的夫妻档抱着五岁的孩子，在接受采访时说他们已经准备放弃最初的标签——缓慢。趁还来得及，找盘二十世纪九十年代的LOW来听，这其中XT可以算是最完整的缓慢之作。也许，他俩的声音将成为封存在某个时期的琥珀，那时，它懒散、从容、悲伤地呼唤着慢核生活。

二、健康女人

大家年轻的时候一定不要对自己的健康轻视。健康是个很大的题目，我们提出健康养生的三个原则。

第一个原则是个体化原则。现在讲养生、讲保健是很时髦的一个行业，烟台也请了很多养生的专家。实际上，不管多么高明的专家来讲，都有一个职业的局限。搞心血管的就专门讲心血管，搞糖尿病就讲糖尿病。其实，个性化原则才是最重要的原则。许多专家提倡大家喝绿茶喝红酒，其实很多人的体质是不适合喝绿茶喝红酒的。对于黄种人来说，喝黄酒才最适合。黄酒最早的时候叫米酒，武松喝了十八碗，实际上是喝的米酒。米酒的缺点是不能保存，两天就酸了，后来经过特殊的办法进行酿制，能够保存变成黄酒。所以，黄种人最适合喝的是黄酒，还有在黄酒基础上酿制的白酒，五十三度以上的，是酿造的，而不是勾兑的。人们喝酒有一种偏差，要多喝就喝低度的，勾兑后就能喝得很多，但无论多和少都要用肝来进行分解。喝白酒的人伤肝伤得很严重，还杀伤脑细胞，长期醉酒的人记忆力就减退。所以，适合喝比较温和的黄酒。为什么以前的人生完孩子就喝黄酒，因为黄酒对黄种人的体质是很有益的补充。当然，任何酒都不能酗酒，都不能无限量地喝。每个人都根据自己的个体摸索这个规律，我喝红茶不行就喝绿茶，喝绿茶不行就喝普洱，实际上我们不喝茶喝白开水也行，每个人都找出自己的一套规律。所以，个性化养生是养生的第一条根本原则。

第二个原则是养生要生活化。养生没有必要花大钱，非要去健身房、瑜伽、桑拿，这些也管用，但有的人不适合练瑜伽。北京有很多人练瑜伽练了好多年都成了瑜伽教练了，自己却一身病。其根本问题很简单，瑜伽产生在印度，印度最高的纬度才三十一度，其余基本上是热带和亚热带地区，地板上是温的，对人类没有伤害。北京是北纬四十一度，烟台是三十七度，北纬到了这个角度地上的水泥地也好，地板砖也好，都是伤人的。光铺个席子就在上面做，长此以往，就会受寒，积寒就成病了。女性病，特别是黄种人女性的病百分之九十以上是因寒而起。不要把健身看成是一种时髦，要把健身生活化。生活化就是衣食住行，喝什么吃什么，怎么样睡觉。睡觉的学问也很大，“赖床”实际上是黄种人健身和防止猝死的一种很好的办法。有大部分人猝死是猝死在晨练的时候，或者醒了就马上起来。醒了后可以赖赖床，医典中有“卯辰十五通”，躺在床上做十五个动作，对中年以上的女性特别有好处。

我前一段受教育部门领导的委托，写了一本书《新编教师健康手册》，这本书很受教师的欢迎。教师的健康是个大问题，可是很多打着教师旗号的书不是专门为教师写的，是总结很多普遍的东西拿来冠上教师的名字。教师这个职业跟当干部有相同的地方，也有不同的地方，是脑力劳动却不是动脑最厉害的，是体力活也不是用体力最厉害的，要管人，但一般的干部管的是成年人，有法律有政策就行，而教师管理的未成年人，有的时候法律到那里就不起作用。14周岁以下的孩子最难处理，轻了不行，重了不行，不管不行，管也不行。所以，教师最累的是心累，我们提出来的动脑不动心、动情不动气、耗力不耗神是教师健康的三个原则。这就是针对教师这个职业，我是从教师走出来，是很了解的。几十年以前我就发现一个很有趣的现象：一群人走过来当教师的一眼就能看出来，因为他长着一张“教师脸”，长期的劳累出现一种亚健康导致一张气色不足的脸。所以，我把这本书的序定为“‘教师脸’的昨天、今天和明天”，因为我很不希望将来还出现这种“教师脸”。我对教师这个职业感到很心酸。我们当教师曾经社会地位很低，后来当了大学教师社会地位好一些。我们在农村当小学教师的时候，社会地位还不如公社的售货员，一个很好的民办教师和公社党委书记关系很好，因为做得很好所以就把他提拔为供销社的售货员。三四个月以后他就不是“教师脸”了，脸就圆圆的，红红的，很健康了。

教师也好，干部也好，都需要有一个适合自己工作特点的方式。我们要把健康落实到生活的每一个环节当中。比如让厨房活起来，我们在书当中列了一百多种粥、几十种汤，就是平常做饭注意就可以，整天吃饭店，花了很多钱对身体也没有一点儿好处。所以，健康生活少盐、少油，自己个性化的一些规定都可以落实到生活当中。

比如住房，盲目地追求大房子。但大房子如果人口少人气就不充盈，就会生病。比如条件再好好不过皇帝吧，皇帝的卧室只有二十五平方米左右。有人想：皇帝为什么睡这么小的卧室呢？太大了人气就不充足，就会生病，大地的气场是很重要的。为什么我们搬新家，亲戚朋友都要过去吃一顿，我们叫“温锅”。因为以前的人住的是洞，挖了洞以后地气很重，人气压不过地气，就会经常生病。如果亲朋好友几十个先进去乱哄一天，人气就旺了，就把地气压下去了，“温锅”后住着就顺利了。正常的三口之家要住一百二十平方米以上的房子就会感觉大了，有很多你设计的工作室、健身房，功能房越多的去的越少。像健身房，你一天能去几个小时，有时好几天都不去一次。儿童活动室最好就是在父母的屋子里，或者在卧室里或者在客厅里，把他自己放在活动室，虽然什么东西都有，但只有他一个人就没有意思。功能房越多，房子就住不舒服，就会生病。所以，曾经盲目地追求房子越大越好，其实从另一角度看并不是什么好事，你不能充分发挥它的作用的时候，也就等于是身外之物，你享受不到。

所以，养生要贯穿到日常生活当中，生活化，不一定花钱。

第三个原则养生要艺术化。高端的养生要有艺术的元素，因为不可能整天是吃了睡、睡了吃，还要调节自己的精神，要有享受。爱好音乐的就听音乐，爱好画画的就画画，爱好户外活动的就去活动。总而言之，要有寄托。经过调查，为什么人会有压力？不是因为工作忙，是因为他心灵上没有寄托，只要有寄托就可能减轻他的压力。年龄大没结婚的单身的人比结了婚的人压力大，没有孩子的人比有孩子的人压力大。没有孩子情绪不高，有了孩子不管多忙他有了心灵寄托，也不怕累不怕麻烦。农村的人比城市的人幸福指数高，因为他有寄托，生活的欲望低，容易满足。城市的人达到了这一步又想着那一步，欲望太多，攀比太多，导致了心理压力太大。缓解压力很好的办法除了个性化、生活化以外，还要找一个心灵寄托，寄托到某种艺术上，最高端的艺术是音乐，音乐养心也是被我们证明有效的。我们提倡大家会音乐的把它搞得高端一些，不会音乐的可以培养爱好听音乐，哪怕你只爱听一首民歌，你就反复地听。

围绕健康有许多误导。譬如有人说中国人体质不行，是饮食搭配太清淡。曾经有一段时间，国家体育总局训练局的食堂里增加了牛排、牛奶、奶酪、面包等，让运动员们改吃西餐，但后来证明，这样非但不能增强体质，反而会弄坏了肠胃。人类学告诉我们，人类的基因是不会渐变的，只能突变，而突变的周期至少一万年。也就是说，如果你执意要改变饮食改吃五谷为吃肉的话，一万年以后才有可能发生基因突变，像欧美人那样强壮起来，但柔韧性、协调性和小脑反应也会随之退化。但这仅仅是可能。

还有晨练，许多实例证明黄种人晨练不能过度强调，因为它不符合“生物种”。不少中老年人猝死在晨练的路上，这足以让我们警惕。我以前在《大道养生》中提倡“赖床”，在《新编教师健康手册》中推荐赖床的功法《卯辰十五通》，其意思都是鼓励大家睡好睡足。因为“吃出健康、睡出美丽”是女性的规律。

千万不要和“生物钟”作对，每一时间都有每一时间的生理指标。这一方面要顺天而行，不能轻易挑战极限。

附：一天二十四小时　器官作息有规律

一天二十四小时，但人体的每个器官却不是二十四小时工作的，只有适应各器官的“上班”时间，身体才不会出问题。近日，西苑医院杨力教授公布了一份人体器官二十四小时工作表，对照这个表，看看你的生活节律和身体到底合不合拍。

1:00　一天从睡梦中开始。人体进入浅睡阶段，易醒。此时头脑较清楚，熬夜者想睡反而睡不着。

2:00　绝大多数器官处于一天中最慢的状态，肝脏却在紧张地工作，生血气为人体排毒。

3:00　进入深度睡眠阶段，肌肉完全放松。

4:00　“黎明前的黑暗”时刻，老年人最易发生意外。糖尿病病人易低血糖，心脑血管者易发生心梗等。

5:00　阳气逐渐升华，精神状态饱满。

6:00　血压开始升高，心跳逐渐加快。高血压患者得吃降压药了。

7:00　人体免疫力最强。吃完早饭，营养逐渐被人体吸收。

8:00　各项生理激素分泌旺盛，开始进入工作状态。

9:00　适合打针、手术、做体检等。此时人体气血活跃，大脑皮层兴奋，痛感降低。

10:00　工作效率最高。

10:00～11:00　属于人体的第一个黄金时段，此时精力充沛。

12:00　紧张工作一上午后，需要休息。

13:00　是最佳的“子午觉”时间。不宜疲劳作战，最好躺着休息半小时至一小时。下午时光也应从睡梦中继续。

14:00　反应迟钝。易有昏昏欲睡之感，人体应激能力降低。

15:00　午饭营养吸收后逐渐被输送到全身，工作能力开始恢复。

15:00～17:00　为人体第二个黄金时段。最适宜开会、公关、接待重要客人。

16:00　血糖开始升高，有虚火者此时表现明显。阳虚、肺结核等患者的脸部最红。

17:00　工作效率达到午后时间的最高值，也适宜进行体育锻炼。

18:00　人体敏感度下降，痛觉随之再度降低。

19:00　最易发生争吵。此时是人体血压波动的晚高峰，人们的情绪最不稳定。

20:00　人体进入第三个黄金阶段。记忆力最强，大脑反应异常迅速。

20:00～21:00　适合做作业、阅读、创作、锻炼等。

22:00　适合梳洗。呼吸开始减慢，体温逐渐下降。最好在十点半泡脚后上床，能很快入睡。

23:00　阳气微弱，人体功能下降，开始逐渐进入深度睡眠，一天的疲劳开始缓解。

24:00　气血处于一天中的最低值，除了休息，不宜进行任何活动。一天也要从睡梦中结束。

结语：美丽+智慧+幸福=精彩人生

我们的课程快结束了，我和大家一起分享了许多有趣的话题。在这些林林总总的话题背后，始终围绕着三个主题：女人的美丽、智慧和幸福。

女性的一生若拥有了美丽、智慧和幸福，我认为这就是圆满。圆满之外无所求，女性一生应抓住圆满做文章，因为圆满就是最大的精彩啊！

组成圆满的这三大要素“美丽”、“智慧”和“幸福”都是大概念，是综合评价。每一个大概念都由很多子项组成。

先说美丽，虽然每一位女性一生中都会有一段光彩照人的时光，但那算不上美丽，充其量可以称为漂亮。

仅有漂亮是不够的，因为它稍纵即逝，是最不可靠的砝码。漂亮的大敌是时间，在时间面前漂亮无主动之力，只有招架退让之功，三招架两退让，漂亮就无影无踪了。或许有个别姐妹抓住了漂亮，在最好的时机里把自己的命运推向了辉煌。但只要是以漂亮为资本，这辉煌迟早要消退。

因此，女性要终其一生的美丽，必须取得漂亮以外的资格。

要取得这些资格，需要多方面的努力。归纳起来，大体有以下几个方面。

一要学习，这是最重要的。要彻底改变“绣花枕头”“金玉其外”“花瓶”等社会偏见，充实自己的精神世界，完善自己的知识结构，是唯一的可靠途径。

许多出入于交际、社交、谈判场合的男男女女，不管外表多么光鲜，一开口便尽露真情真相。知识的匮乏与精神的空虚不是服饰和浓妆艳抹所能掩盖的，再说，光凭装腔作势毕竟办不成事情。

而善于学习的人就不一样了，“腹有诗书气自华”是千古流传的真理。对于女性来说，素质常常表现在对学习的态度上，甚至读什么书都能从举止和气质上表现出来。

什么样的女性读什么样的书，这又是一条社会学的规律。在这一方面才女、职女、小资、小知女一望而知。当然，大智慧也掩压不住，每每从不经意中流淌出来。例如，宋氏姐妹的高贵、康梁女儿的儒雅，再往前说有易安的凄美、岳母的大义、孟母的贤良，艺术作品中宝钗的端庄、湘云的豪放、江姐的圣洁、韩英的高亢，都各有千秋、引人入胜。至于那不朽的王熙凤，你可以说她不识字，但决不能说她无文化，她把人生和社会这两本大书都读透了，大观园里里外外的男女谁能比得了她？

学者美，这是毫无疑义的。

二要勤快，懒女人是与美无缘的（当然懒男人也十分不堪）。女性一生的四个角色中，勤快是当家的本领。对于一个懒惰的人来说，当女儿，父母不待见；当母亲，子女跟着邋遢；当主妇，家里脏乱一团；当公民，定然“怀才不遇”。社会和家庭都难以接受和容纳懒惰的女性。

勤者美，这也是毫无疑义的。

三要奉献，奉献者最美。对于中华民族来说，奉献是一种美好的价值观，同时是一种世界观。中华女性最能打动人，最感天动地的精神就是奉献。

毫无疑问，智慧就顺理成长在这三大因素中。

至于幸福，这是精彩女人的又一个大项。

严格地说，幸福不是经济指标，而是一种主观感受。因此，所谓

“幸福指数”是最靠不住的账单。人生有许多东西不能量化，幸福就是其一。

当然话不能说得太绝对，幸福也不是一点儿也不讲物质条件。贫贱夫妻百事哀，缺衣少穿、贫病交加也不呼天抢地那只是一种品行，不能算是幸福。但是，倘若衣食无忧、车房俱有还终日焦灼烧心，还不知幸福在哪里，那就是精神世界的问题了。此时若不是夫妻反目、孩子叛逆、久病不愈或遭抢遭灾的话，就只能从主观世界里寻找幸福。

幸福既然是一种主观感受，那么最重要的是心态。我们曾经主张对小孩子要进行“四自”教育，那就是培养自理（习惯）、自救（能力）、自立（人格）、自足（意识）。其中的自足就是一个自我幸福的感知认知和意识系统。孩子从小就要养成自我幸福的自足感，长大才不会火烧火燎地去追求物欲。不少人用一生去证明“自足”教育的重要，因为人生老是处在“补课”的状态是很尴尬的。

对于成年人来讲，感觉不幸福常常不是物质条件不具备，而是个人的心灵不完备，心态不平和，世界观不淡定，欲望太强烈，价值观太个人。

怎么办呢？还是要学习。

现在我们提出一个命题：女性要学习幸福。

平常我们说一个人活着，通常代表活在三个层次中：一是物质跟欲望的层次；二是在物质基础上的艺术、文化层次；三是超越了物质生活，由艺术、文化而升华的精神层次，例如信仰、宗教等。

学习幸福的步骤是这样的，当你奋斗在第一层次里时要努力把它越看越淡，要向第二层次努力。什么时候你能够站在第二个层次上回望第一层次时，感觉到第一层次的微不足道。这时候你会常常觉得幸福都是因很小的事而引发，例如早晨醒了后感到一夜睡得很幸福，坐公交车购物很幸福，外出旅游不是赶任务，而是随兴而至很幸福。一句话，平常里充满了幸福，而不是有巨大惊喜才充满幸福。这时候你可以说你学到幸福了。你可以以一个世俗幸福人的身份进入第三个层次，享受更高层次的幸福。

1996年秋，我们在美国有一次搬家，从拉斯维加斯搬到波特兰。我和太太开着一辆17英尺长的货车，到了入住的房子时车怎么也倒不进去，倒车技术有差距。这时一直在旁边观看的一位流浪汉过来好心地问要不要帮助，得到应允后他爬进驾驶室，三两下就把车停在了合适的位置。我们向他表示感谢，看得出他因为帮助了我们而很兴奋。

这是一位不折不扣的流浪汉，推着一辆超市或机场里常见的行李车，车上有他简单的行李，还有一架80贝司的手风琴与一把吉他。看得出他风尘仆仆，但神情一如闲云野鹤。交谈后才知道，他曾是南部地区的一个老板，事业有成后他把企业交给了别人，自己却选择了流浪。他已经走了近一半的州，他说喜欢这样的生活，并不为简朴而忧愁。当然在美国，普通的食宿问题不难解决，社会治安也很好。这是他能够潇洒流浪的条件。但我们知道放弃权利和丰裕的物质享受而选择流浪毕竟需要勇气。他确实是选择，没有任何的无奈。

由此我想到了一个说法：潇洒。我们经常把潇洒看成是一种活法。但看外表的多，究实质的少。现在来看，潇洒其实就是生命的自由度。只要生命的自由度很小，那么不管你高官厚禄、花天酒地，都是不潇洒的，也肯定是不幸福的。反之，像这位美国流浪汉一样，抛弃了权位和财富，取得了很大的生命自由度，因此，他是幸福的。

一位流浪汉都是幸福的，我们还有什么理由拒绝幸福。

中国台湾作家林清玄说：要有平常心，要有欢喜的心理，要有柔和心，要有爱心，就能修炼成幸福。这是禅心所向的幸福。实际上对于普通人来说，有一个标准可以定位自己是否是个幸福的人，那就是：在世俗纷纭的滚滚红尘中有一个独处自足的心，在独处自足时要有兼善天下、不嫉妒、不攀比的胸怀。这就足矣。

前面我们讲过，不幸福常常不是因为物质条件不好，而是因为80%的攀比之心，大体也是这个意思。

总之一句话：财富不等于幸福。因为财富是身外的，而幸福是内生的。

现在我们可以梳理一下，漂亮、美丽、财富、幸福和精彩的人生。

结论是：

漂亮是短暂的，美丽可以永恒。

财富是身外的，幸福却是内生。

美丽+智慧+幸福=精彩人生。